U0818028

《解放日报》上的批评和自我批评

赵耀宏　薛 琳 / 编著

中共中央党校出版社

图书在版编目（CIP）数据

《解放日报》上的批评和自我批评/赵耀宏，薛琳编著．—北京：中共中央党校出版社，2016.5

ISBN 978-7-5035-5828-3

Ⅰ.①解…　Ⅱ.①赵…　②薛…　Ⅲ.①中国共产党-批评与自我批评-学习参考资料　Ⅳ.①D261.3

中国版本图书馆 CIP 数据核字（2016）第 090924 号

《解放日报》上的批评和自我批评

责任编辑　张　琳
版式设计　李　灵
责任印制　宋二顺
责任校对　王　微
出版发行　中共中央党校出版社
地　　址　北京市海淀区大有庄 100 号
电　　话　（010）62805830（总编室）　（010）62805821（发行部）
（010）62805034（网络销售）　（010）62805822（读者服务部）
传　　真　（010）62881868
经　　销　全国新华书店
印　　刷　北京时捷印刷有限公司
开　　本　700 毫米×1000 毫米　1/16
字　　数　214 千字
印　　张　14.375
版　　次　2016 年 9 月第 1 版　2016 年 9 月第 1 次印刷
定　　价　36.00 元

网　　址：www.dxcbs.net　**邮　　箱：**cbs@ccps.gov.cn
微 信 ID：中共中央党校出版社　**新浪微博：**@党校出版社

版权所有・侵权必究
如有印装质量问题，请与本社发行部联系调换

前　言

2016年全党开始了“两学一做”学习教育，这次学习是在群众路线教育实践活动和“三严三实”专题教育的基础上，在全党层面开展的日常性、经常性的思想政治教育实践，是群众路线教育实践活动和“三严三实”专题教育成果的巩固和拓展。“两学一做”学习教育具有极强的针对性，其“着力解决”一些党员干部存在的“理想信念模糊动摇”、“党的意识淡化”、“宗旨观念淡薄”、“精神不振”、“道德行为不端”等严重问题。回溯历史，在延安时期，一些党员干部身上也或多或少地存在着上述这些问题。为解决这些问题，我们党开启了延安整风这一思想建党的伟大工程，进行了一次全党范围“空前深刻的马克思主义教育运动”，实现了“思想上政治上组织上完全巩固的布尔什维克化”，建成了全国范围的、广大群众性的马克思主义政党。延安整风这次“成功实践”、“伟大创举”的秘诀就在于进行了“正确的而不是歪曲的、认真的而不是敷衍的批评和自我批评”。亲历者彭真回忆道：“所谓整风运动，不是别的，就是采用批评与自我批评的方式，经过党员群众的自我教育，用马克思列宁主义的理论武器，来克服党内各种非无产阶级思想即非马克思列宁主义的倾向和思想。”

批评和自我批评有着深厚的传统文化根基。中国传统文化历来崇尚反省自躬，历代先贤希望通过日积月累的“三省吾身”以修炼高尚的人格和品行，达到“慎独”之道德境界，实现内心自律和社会他律的高度统一。同时，许多古代贤士和一些开明君主也重视别人批评的箴言和听取市井民众的呼声。“闻过则喜。”“忠言逆耳，良药苦口。”“听于直言，则过行不累乎身。”“知屋漏者在宇下，知政失者在草野。”这些格言就是这种优秀传统文化的生动写照。对于中国优秀传统文化继承者的中国共产党来说，党员的自我批评和同志间的批评帮助就更加重要。在七大上，毛泽东就提出批评和自我批评是我们党区别于其他政党的显著标志之一，并强调其是“抵抗各种政治灰尘和政治微生物侵蚀我们同志的思想和我们党的肌体的唯一有效的方法”。为了帮助全党干部养成批评和自我批评的优良作风，毛泽东借用“知无不言，言无不尽”，“言者无罪，闻者足戒”，“有则改之，无则加勉”等传统格言教育我们全党同志，不仅要在检讨中“推广民主作风”，大力开展批评和自我批评，而且要像打扫房子和洗脸一样，要经常性地开展批评和自我批评。

中国共产党是马克思主义政党，是始终为人民谋利益的政党，纵览中国共产党 90 余年的奋斗历史，就是一部团结群众、依靠群众、服务群众的历史。中国共产党极为重视人民的批评和监督，邓小平就曾告诫我们全党同志说：“一个政党，就怕听不到人民的声音，最可怕的是鸦雀无声。”习近平在群众路线教育实践活动总结大会上，专门要求党员干部要接受群众的批评监督，他指出：“群众的眼睛是雪亮的，群众的意见是我们最好的镜子。……各级党组织和党员、干部的表现都要交给群众评判。”“金无足赤，人无完人。”世界上没有不犯错误的人。对中国共产党来说，由于我们所要创立的是一个人类历史上从未有过的崭新世界，这就注定我们要面临更多的苦难和挫折，也就不可避免地会出现各种各样的错误，但是，“只要我们为人民的利益坚持好的，为人民的利益改正错的，我们这个队伍就一定会兴旺起来”。中国共产党人所矢志奋斗的中华民族复兴的历史伟业，也终会在世界的东方实现。

中国共产党不仅高度重视群众的批评意见，而且非常强调要广开门路听取群众意见，让群众更全面、更系统、更方便地监督和批评我们的党员干部。而被称为“第四种权力”的媒体，特别是报纸则成了中国共产党人开展自我批评和听取群众批评的重要平台，正如邓小平所说：“报纸是党用来开展批评和自我批评的最尖锐的武器。”利用报纸展开批评和自我批评，是巩固党与人民群众的联系、保障党和国家的民主化、加速社会进步的重要方法，是马克思主义政党加强自身建设的优良传统。马克思就曾经将报纸比作“社会舆论的纸币”，并称报纸的舆论监督是“唯一有效的监督”。列宁在俄国十月革命胜利后第二天就宣布：“我们愿意让政府时时受到本国舆论的监督”。1919 年 3 月，在俄共（布）第八次代表大会“关于党和苏维埃的报刊的决议”上，就对党报党刊赋予了批评监督的重要功能，决议指出：“党和苏维埃报刊的最主要任务之一，是揭露各种负责人员和机关的罪行，指出苏维埃组织和党组织的错误和缺点，所有这一切都必须以非常切实的同志的口吻来进行。”中国共产党将这一优良传统坚持并发扬光大，鼓励广大群众和基层组织利用各种报刊批评监督我们的党和政府。在延安时期，中共对报纸批评监督的功能有了更深入的认识，不仅颁布了《中央宣传部关于各抗日根据地报纸杂志的指示》，要求一切报纸杂志要“善于使用批评的武器，表扬各种工作中的成绩，揭发其错误”。而且，在延安整风中，毛泽东强调：“整顿三风，必须要好好利用报纸。”并由他自己亲自领导了延安《解放日报》的改版，还为之题写了“深入群众，不尚空谈”八个大字，强调报纸要始终站在党和人民的立场上，实现党性和人民性的高度统一，加强战斗性，报纸批评应该是严正尖锐、泼辣的，但又要是诚恳坦白，与人为善的，要坚持“惩前毖后，治病救人”、“团结—批评—团结”的方针，真正发挥报纸的批评与监督作用。

报纸批评是为了解决我们党员干部存在的思想和作风问题，它是为了启发人、教育人、鼓舞人、挽救人，不仅要使被批评者受教育，还要使读者也受教育，这样的批评，既会受到被批评者的欢迎，也会受到社会的好评。这就要求报纸批评不仅要叙事，而且要说理，更要把理说清，也即：分析原因、厘清责任、总结经验、提出措施。报纸批评还要讲求一定的方法，其中比较常用、比较重要的方法就是对比法。“有比较才有鉴别。”批评文章运用对比手法，可以使读者从好坏、正反的对比中更清楚地、全面地认识事物，进而辨别孰是孰非、孰优孰劣，既要表扬好的、树立先进，也要批评坏的、暴露后进，这才能使群众明辨是非、找准方向，学有目标、干有遵循。具体说，在报纸上的批评文章，按照其表达形式和稿件来源的不同，也可以细分为四种类型。即：(1) 读者来信，这是最常见的一种形式。读者来信直接来自基层和群众，反映群众愿望、呼声和建议，这种方式反映问题最迅速、最直接、最真切。(2) 编辑记者采写的报道，包括新闻、通评、系列追踪、调查报告。(3) 转发领导机关对某类典型事件的通报。(4)“抓问题新闻”，这类报道不针对具体的人和事，而是对社会普遍关注的某些错误倾向和不良现象进行揭露、剖析、评述，实施正确的舆论引导。

本书从《解放日报》摘编了 145 篇文章，共分为六个部分。**第一部分**“锤炼锐利武器　培养党章意识”，该部分的文章介绍了批评和自我批评的科学方法，特别是对批评双方所应具有的态度做了说明，同时，批评和自我批评也要有一个客观的尺度和标准，即：《党章》，也就是通过学习七大《党章》掌握“批判的武器”，进而清除思想中和作风中的杂草枯叶。**第二部分**“查找思想漏洞　掌握工作方法”，该部分文章多从遵守时间、制定计划，甚至写字要清楚等一些细节小事出发，以帮助同志克服思想认识中的种种问题和偏差，同时，也介绍了调查研究、统计数字、写工作报告、抓住中心工作等比较有用的工作方法。**第三部分**“做好自我批评　提升工作效力”，该部分文章主要聚焦于通过领导干部带头进行自我批评，以帮助干部解决为群众服务“不讨好”的难题，同时，也针对干部本领恐慌问题，有针对性地提出了群众工作的若干“新方法”。**第四部分**“上级帮助下级　更好服务群众”，该部分文章主要介绍上级帮助下级的情况，“出主意、用干部”是领导者的两大责任，上级干部给予基层干部“及时的具体教育和帮助”，帮助他们学习群众工作方法，化解他们心情苦闷、影响工作的难题。**第五部分**“听取群众批评　深化群众感情”，该部分文章主要介绍了干部如何启发群众批评，群众批评干部、帮助干部做好工作等几方面情况。“群众毕竟是我们的先生，人多眼亮”，干部听取群众批评意见能学到很多东西，对于净化思想、整顿作风、做好工作大有助益。**第六部分**“惩治干部腐败　严肃工作纪律”，该部分主要介绍了延安时期一些干部违反群众纪律和经济纪律的事例，“没有规矩，不成方圆”。中国共产党是靠革命理想和铁的纪律组织起来的无产阶级政党，纪律严明是党的光荣传统和独特优势。对反面典型的公开报道，不仅起到了对广大党员干部的警示作用，更赢得了群众对党和政府的认可和拥护。

延安时期我们党利用以《解放日报》为代表的各种刊物开展公开的批评和自我批评，取得了良好成效。对无产阶级政党来说，不仅革命时期要听取群众批评、接受群众监督，革命胜利后就更应该保持谦虚谨慎、戒骄戒躁的良好作风，积极主动听取方方面面的批评意见，从而“保持自己纯洁的无产阶级的革命品质，而不蹈历代革命者在成功时的覆辙”。但是我们也应该看到，我们党内的有些人借着自己领导者的地位，随着渐渐提高的威信，忘记了自己的“初心”，产生了骄傲自满的情绪，对于党内党外群众的批评帮助不是采取欢迎的态度，而是拒绝批评、压制批评，甚至抵抗批评和对批评者采取打击报复的严重错误。针对这种情况，我们党不仅批评了这些干部的错误倾向，而且还积极肯定和大力支持了群众批评监督的权力，刘少奇强调：对于人民自下而上的批评，哪怕只有5%正确，也要采取热烈欢迎的态度。他进一步指出：对于抵抗批评和对批评者实行打击报复的现象必须进行坚决斗争。中共中央不仅提倡群众批评，而且加强制度建设以保护人民群众批评监督的权利，例如，在1954年7月17日通过的《中共中央关于改进报纸工作的决议》中，就明确规定要将“干部是否热烈欢迎并坚决保护劳动人民自下而上的批评”，作为“衡量报纸的党性、衡量党内民主生活和党委领导强弱”的重要尺度。

习近平指出：“注重从党的历史经验中汲取智慧和力量以推动党的事业不断开拓前进，是我们党的一个优良传统和政治优势。”今天我们重温这些延安时期《解放日报》上刊载的批评和自我批评事例，以及我们老一辈革命家对群众批评监督的极度珍视和对报纸批评功能的深刻认识，就是为了从中汲取历史智慧和实践经验的力量和营养，“增强党的意识、宗旨意识、执政意识、大局意识、责任意识”，由合格共产党员锤炼成为优秀共产党员，从而更好地为群众解忧、为群众“跑事”，以一种昂扬向上的精神状态，担负起亿万中国人民赋予我们的历史使命——实现中华民族伟大复兴的中国梦。

目　录

第二部分　查找思想漏洞　掌握工作方法

第三部分　做好自我批评　提升工作效力

第四部分　上级帮助下级　更好服务群众

第五部分　听取群众批评　深化群众感情

第六部分　惩治干部腐败　严肃工作纪律

第一部分

锤炼锐利武器
培养党章意识

导　语

本节选载了26篇关于批评和自我批评的文章，重点谈了批评和自我批评的态度和方法问题。批评和自我批评对于锤炼党员个人党性、加强全党的纯洁性与战斗力具有重要意义，这是个“人人都知道的常识”，但关键是要如何进行反省、做好自我批评，以及如何正确开展批评、帮助同志，这其中有很多方法问题。方法问题非常重要，“我们不但要提出任务，而且要解决完成任务的方法问题。不解决方法问题，任务也只是瞎说一顿。”对自我批评而言，第一，必须有“敢于认识自己，清算自己”的正确态度；第二，要认真学习文件，掌握文件精神，把握自我批评的尺度；第三，对照文件，结合自己的实际，实事求是地查找自己的优点和不足；第四，分析自己错误的原因，并找出改进错误的方法；第五，要在实践中不断改正自己的错误。因为，自我批评“当然是一件不容易的事”，所以要进行长期的努力，才能彻底和“旧我”决裂。对批评而言，因涉及批评者与被批评者两个方面，其方法则更复杂一些。首先，批评别人必须要“站在党的立场上”，要“从爱护帮助同志的观点”出发；在帮助同志的具体过程中，我们要以“十分诚恳的态度”提出意见，批评同志“必须有原则性，不能专谈细小事情”，同时提出的批评意见，必须是“十分明确”的，要有具体的事例，绝不能空洞无物。批评之后，也绝不是完事大吉，如果碰了“钉子”，被批评者“事后又毫不改正”，我们还要“不间断地向他进行批评和教育”，直至给予他应有的处分。对于被批评者来说，应该有一个虚心接受别人批评帮助的正确态度，“忠言逆耳，良药苦口”。无论别人的批评正确与否，必须要保持“冷静”态度，绝不能“怒发冲冠”，与人家争斗起来。进一步，无论是上级、同级，还是下级，正确的批评“应该用诚恳的态度接受，事后立予改正”，而不对的批评则“应该用谦虚的态度解释”。上述是一些开展批评和自我批评的有效方法。同时，我们也编入了几篇具体的操作性文章，特别是韩作黎同志自我批评的文章，对于我们了解当时青年党员的思想状况，对于我们今天更有效地解剖自己，具有一定参考价值。

党章是全党必须共同遵守的根本的、最高的行为规范，是全党意志的集中体现，是从严治党的根本依据，是对党员进行教育的最基本教科书。习近平指出："全党要牢固树立党章意识，真正把党章作为加强党性修养的根本标准，作为指导党的工作、党内活动、党的建设的根本依据。"在七大闭幕后，自一九四六年开始，全党干部进行了一次范围广泛的"党章"学习活动。对全党来说，学习党章的根本目的就是要"学习毛泽东思想，提高干部，提高全党，以实现中华民族和中国人民的彻底解放"。对每个党员干部来说，学习党章不仅在于了解其内容，更重要的"在于根据它的精神实质来改正思想与改进工作"，也就是要通过学习党章，联系自己和本机关的实际，勇于开展自我批评和批评，进而纠正错误，提高工作效率，从而更好地适应抗战胜利后的革命新形势，为即将展开的解放战争做好思想上的准备。"必须掌握正确的学习方法，才能收到学习成就。"在当时一些机关单位根据自己的实际，采取了一系列行之有效的学习方法，取得了很大成绩。例如，中央党校就提出了始终贯穿"自我批评精神"的五步学习法，志丹县委也针对干部自身"实际联系较差"的问题，强调要通过集体学习、互相帮助的学习方法，以"暴露和解决大家思想与作风上的弱点"。此外，要真正领悟党章，不仅学习这一个文件，还要做好功课，学习《反对自由主义》《怎样作一个共产党员》《共产党员的修养》《季米特洛夫论干部政策》等重要文献，储备好同错误思想和不良作风斗争的弹药。

社论：自我批评从何着手

自我批评对于整个共产党或每个共产党员的重要，这是人人都知道的常识。但是，尽管常识人人都有，我们的自我批评却还是很少。这是怪事，这是必须赶快消减的怪事。

党中央去年七八月关于增强党性和调查研究的决定，毛泽东同志最近关于整顿三风的演说，乃是全党范围的自我批评。我们党的工作中虽然有各种各式的缺点，但是它们的根源，在这些文件里是已经揭发出来了。要来克服这些缺点，不只在口头上文字上而且在事实上行动上克服这些缺点，就需要在党的每个部分和每个党员中间根据这些文件进行自我批评，并且按照自我批评实行有效的改正。这也是常识水平的道理，无待须言的事，但是却也有些同志明察秋毫之末，对于这件事偏偏看的不甚了了。可见怪事虽然可恶，要消减它却得费些手脚，并不像唱一篇抒情诗那样简单。

这不是无的放矢。延安看过讨论过党性决定和调查研究决定的，听过毛泽东同志报告和康生同志传达的人，为数不下三千人，而“脱裤子”的声浪，近来却也甚嚣尘上，但是直到今天，真正严肃的周密的检查了自己的，究竟有几个？说这是雷声大，雨点小，或者是不合于事实吧，因为雨点曾经落，而且还在落，而且已经把有些人落成落汤鸡。但是看，这是些什么样的雨点呢？这些雨点的百分之九十九，都是向着别人的，这虽然也是自我批评之一义，但一面镜子照来照去总是照不见小我，照见的大我又是望文生义，残缺不全，有时还变形为不可与同业的犬豕，难道这种自我批评，也可以贴上反主观主义反宗派主义的商标吗？毛泽东同志在他的演说中所提出的“知识分子最无知识”的痛区，在一部分知识分子当中竟然毫无应有的反应，这不又是怪事中的怪事吗？在加强党性，加强调查研究，反对主观主义宗派主义党八股的斗争中间，确是需要大量的“硬骨头”来做先锋队，但这种先锋队，只有在拔掉自己的忽视党性，忽视调查研究的主观主义宗派主义党八股的“硬骨头”以后才能产生。工欲善其事，必先利其器。既不利其器，又不择其器，则在旁人的裤子还是没有摸到的时候，自己的裤子就先有掉落的危险。裤子的掉落，虽也是一种揭发，可是这还不能就算解决了问题，因为如同我们不赞成为艺术而艺术一样，我们不是为揭发而揭发呀。

我们在这里丝毫不想降低自己今天已经发生的各种批评的意义。这些批评，绝大多数都是出于爱护革命的热诚，它们毕竟是多少暴露了我们工作中的弱点，足以引起我们的注意和纠正。但是无论如何，过去的经验却证明了一个无可置疑的真理，就是真正坚强的自我批评需要方法，需要首先充分懂得中央决定和毛泽东同志演说的事实，需要思想上精神上的郑重的准备。而现在的情形怎么样呢？各级的干部，各方面的干部，对于今天我们所要进行的斗争，有了多少深思熟虑呢？我们是要“认的放矢”，但是我们对于“矢”有了多少研究，对于“的”有了多少调查呢？如果设想一个人既无党性的常识，又无唯物论的嗅味，只以交游中的传闻为调查，以窑洞中的感想为政策，不求甚解而自居先觉，以为只要一切安排的合于自己的胃口就可以来巩固党，来整顿三风，来推进抗战和革命的大业，这如何能不重蹈前人的覆辙，碰在现实的墙壁上呢？正因为我们极端想要自我批评，我们不但希望全党成为一个自我批评的机器，而且希望能有更多的为原则而战斗的自我批判家出现，我们就不能不要求每一个党员和批评者：更好的充实自己的武库吧！把中央的文件更多读几遍，更多想几遍吧！只有能虚心学习的人，只有敢于认识自己，清算自己的人，只有有决心用正确的思想方法，正确的人生观武装自己，敢于认识自己的人，才能在战场上有效的缴敌人的械，并向死不缴械的敌人投出准确的、致命的一击！

1942 年 4 月 6 日，第 1 版

关于批评方法问题的研究

师 鲁

“发扬自我批评的精神”，“举起自我批评的武器”，“虚心接受旁人的批评”，这在党内已经成为口头禅了。然而经常听到许多同志因为旁

人不接受他的批评而愤慨的说："以后不再批评人了，因为批评了他，他不仅不能接受和感谢，而且常常向我进行反驳，引起成见。"另外又有一些同志因为受到人家的批评，或者掩面而泣，凡事畏首畏尾；或者随后缄口无言？对于任何事情采取"明哲保身"态度，或当时与人争吵起来，你说我是"主观主义，不了解具体事实"，我说你是"小资产阶级的意识很浓厚，骇怕人家批评"。斗来斗去，伤害同志感情。似此情形，如果继续发展下去，不仅不能巩固党的团结，改进党的工作，反而容易助长党内"挟成见"、"图报复"的风气。因此，我们必须追究这种现象所以产生的原因。什么是这种现象产生的根源呢？我认为主要地应该归罪于我们同志的批评方式不好，不会具体的运用"批评"。

关于批评的方法问题，可分两方面，一方面是批评别人的方法；另外是接受别人批评的方法。

掌握批评方法的基本前提，是了解别人的觉悟程度，了解产生别人错误的具体环境，了解别人每个错误产生的具体事实，而加以分析综合的研究，确定其大小轻重，辨别其一贯性和偶然性。下面的批评方面，都是从这个基本问题出发的。

首先批评必须有原则性，不能专谈细小事情。所谓原则性，不是抽象的东西，在各种不同的工作职位上，有各种不同的工作原则性。在军队中，军风纪必须整齐；而文化工作者只要他忠实于自己的文化工作，歪戴帽子、挂帽子，甚至不戴帽子，并不是什么原则问题。不研究党的决议，不注意和怀疑党的政策，在党内是原则问题；而在我党领导下的群众发生这些缺点，则只能在加强对于他们的宣传解释工作，绝不能立刻做出他们的结论说：思想意识落后，政治上不开展。高级干部在支部会议上不接受同志的批评，反而说批评会破坏他的威信是非常严重的事情。新入党的同志不接受人家的批评，甚至反击别人，乃是极普遍的现象。诸如此类，现象虽然相同，本质却有差别。分辨了这种差别，击中了每个同志的要害，这就叫做有原则性。乱击一顿，头绪不分，反而是不击其头，这就叫做无原则性。无原则性的结果，时间浪费许多，纠纷继续不断，而缺点依然存在，团结反而破坏。

第二，批评必须十分明确，例举具体事实，不能乱戴别人的大帽子，开口就说人家党性不强、自由主义，而无一点具体事实，或者虽少一点具体事实，人家不能接受批评，乃是当然的事情，而人家不说你“言之无物，无的放矢”，反属非常偶然。你感觉他有点农民意识，或者你对他的印象是小资产阶级意识很浓厚，而缺乏具体例子，即不管他当面接受与否，对他的帮助也是不大的。

第三，批评必须用十分诚恳的态度，不能采取冷嘲热讽的方式。

第四，批评必须适时、直接，当时不说，事后算总帐的方法是不好的；当面不说，背后议论人长短的办法更是不好。

第五，批评所采取的方式方法，必须依据他人的特点和觉悟程度，不能专顾他人的职务和参加革命历史的长短。有些人虽然久已生活于批评的空气当中，不首先抬高他，即不能批评他；批评这种人的具体方法，可以先说他的优点，再说他的缺点。另外一些人，喜欢干脆爽朗，厌恶人家戴他的高帽子；对于这种人的批评方法，是必须赤裸裸地指出他的缺点，不能吞吞吐吐，更不能向他表示恭维态度。再有些人则喜欢人家用和蔼的态度说他，不愿意人家板起面孔说他；愿意首先他自己批评，不愿意在群众的会议上批评他；愿意上级讲他，不愿意同级讲他；愿意对他印象好的同志讲他，不愿意对他印象不好的同志讲他；……所有这些特点，当我们批评和教育人的时候，是必须很好的把握住的。把握他人特点，迁就他人水平，并不是放松批评。而是为了采取有效批评。老一套的不按对象的批评方式，虽属“发扬了布尔什维克的无情的斗争精神”，但所得结果，往往会与自己的愿望相反。

以上说明了批评的一些方法。采用这些方法，还可能碰到一些钉子。现在我再说一下拔钉子的方法。

首先，假使被批评者强调客观原因或者由于批评者的错误而不接受批评时，我们应该首先批评自己，然后将客观原因和主观错误严格分辨清楚，承认客观的原因，明确的指出他主观的错误。

其次，假使被批评者顽固的不接受批评，解释全无效用。那末，最好暂时停止争执，重新考虑批评的内容和方式。如果批评的内容是正确的，则务须坚持批评的立场、改变批评的方法，三番数次地达到说服对方的目的为止。否则，他第一次不接受批评。以后就很少能向他进行批评，骇怕向他进行批评，最后认为他根本不可救药，完全停止对他批评，这种做法是非常不安全的。

最后，假使有人当面接受批评，事后又毫不改正，历次都是如此。则我们除加强对于他的教育和领导之外，还须不间断地向他进行批评和教育。万不得已，方才采取思想斗争会的方式，给予他应得的处分。那些轻易召集思想斗争会，随便处罚人的方法是不对的。因为每个革命同志都是主观上愿意自己进步，批评得当，没有不能接受的。

以上已说清楚了批评别人的方法问题。现在再来研究一下接受别人批评的方法。

第一，如果人家一般地抽象地指出自己的缺点而正确时，应该用诚恳的态度接受这种批评而切实克服之；如果不正确时，应该谦和地要求他指出具体的例子，向他很好地进行解释，万不能说人家是“言之无物”。

第二，如果人家把旁人错误加在自己头上，或者人家用大帽子来压人时，我们只应该冷静的加以解释，第一次解释不好，第二次再说，这个方式解释不清楚，再换用那个方式。不能马上怒发冲冠，与人家争斗起来，说人家是：“记成见，图报复”，“主观主义”、“没有调查就没有发言权”。所以如此，并不是见人“打躬作揖”，毫无一点硬骨头。而是把人家错误与自己的缺点分别开来：批评自己的缺点，不拿人家的错误作掩护；发现人家的错误，不因此跟着犯错误。

第三，如果人家指出自己的缺点而恰当时，不论他本人缺点如何严重，我们必须接受他的批评，不因此向他进行猛烈的反攻。

第四，如果人家光说自己的缺点，不说自己优点，不能责备人家“片面看问题”而不接受。如果人家仅指出自己的缺点，没有说明缺点产生的原因及克服的办法，不能说人家“光会批评人，不能拿出办法来”而拒绝人家批评。

第五，不管批评来自上级同级或下级，对的应该用诚恳的态度接受，事后立予改正；不对的应该用谦虚的态度解释，特别是对于下级和群众，对他们解释的态度和方法应该是深思熟虑的。

我已明显的说明了关于批评方法问题的意见。根据这些方法而不站在党的立场上、从爱护帮助同志的观点上出发去对待同志，结果会造成党内“尔虞我诈”，会造成同志之间玩弄手腕的风气。这是我们应该极力反对，群起“鸣鼓而攻之”。另外许多同志对党抱着无限忠诚，对革命抱着满腔热忱，但缺乏工作经验，缺乏工作方式方法，常吃苦头。因此，特提出我对批评方法问题的意见，以供大家的研究和参考。

1942 年 4 月 11 日，第 2 版

批评者与被批评者应取的态度

王 凯

批评者和被批评者双方，首先应该深刻了解自我批评的意义。批评是对于党和革命的最有力的武器，它是使我们的党更加团结，更加布尔塞维克化，使工作更加进步，更加完善的一种武器，同志间的亲爱是超过了一切亲属兄弟关系的，因为亲属间的亲爱多半只是纯情感的，同志间的亲爱却是革命真理的结合。包括父母兄弟在内，也不见得都有同生死共患难的关系，而同志之间则是应该有这种关系的。同志间的互相批评是为着互相纠正缺点和错误，而不是为着互相攻击，所以应该是诚恳坦诚，互相虚心相待，接受批评，并有决心克服自己的缺点和错误。

在此种原则下：我以为批评同志时，应取下述的态度：

（一）应把对方的缺点和错误看作自己的缺点和错误一样。因为一个党员，是整个党的一个份子，他们缺点和错误，多少总会影响到党的工作的。因此对于每个同志的批评，都应该站在党的立场上，以此为出发点，关心他，帮助他，才是对的。把同志看成路人，或甚至看成敌人，这是小资产阶级最坏的一种阴暗心理的表现，半点无产阶级的气度也没有。

（二）批评者不应存在着你是有缺点和错误，而我自己则完全没有的心理，其实每个人总是不免有或多或少的错误，只是有些发觉了，有些没有发觉，有些改正了，有些还没有改正，一些不同而已。

（三）批评者不应该用盛气凌人的态度与教训人的口吻，而应该有

诚恳坦白的帮助同志的精神。即使批评者的批评是对的，也不应该因为对方还没有接受你的批评，就认为他不可救药，就板起盛气凌人的面孔，这是不能使人心服的，这种批评者倒应该被批评。

（四）批评者应注意调查被批评者的历史和出身，好处和坏处，主要方面和次要方面，即使不能全知，也要知道个大概。这样才能说得恰当，真正的说服被批评者。否则信口雌黄，只显出这个批评者的粗心与稚气，要说服人是不可能的。

（五）批评须是有原则的，如果一个人的缺点和错误对于党的路线，政策有违背，对于群众有坏影响，都应该提出批评，日常生活中的小事，如果无关原则性的，则无批评之必要，否则就有把批评降到庸俗化非政治化的危险。

（六）对于个性强的和错误的同志，要有更多的耐心，准备做长期的说服教育工作，不要急于求成。在长期说服教育的过程中，一方面要坚持的批评他的错误，不要怕他个性强，也不应怕麻烦。另一方面只要他有些转变，有些进步，即使很少，也应该予以欢迎与鼓励。

（七）批评不能乱造名词，乱扣帽子，对一个人的错误下断语，是要谨慎的。

（八）以批评别人的手段，达提高自己的目的，这是小人行径，这种批评者应该被批评。

以上是批评者应取的态度。至于被批评者则应该：

注意对方的批评是否合乎事实，不应因为批评者态度有些不好，连他的正确的批评也加以抹煞。

不应因为批评者不深刻了解被批评者的历史和近况，批评的过分些，片面性，连有些正确的批评都全部拒绝。应该接受说得对的部分，申辩说得不对的部分；应有是则是，非则非，毫不含糊的态度。

凡属真正错误，应该慎重改正，不应该敷衍了事，不可以在会议上很漂亮的接受批评，会议过后又是“我行我是”。对自己的错误不承认则已，一经承认，就应言行一致，坚决改正。

有错误的人，不应自己原谅自己，用过去的历史做烟幕，这种想法是阻碍人进步的。

应知一个人不怕有错误，只怕不认识，不改正，一个错误认真改正，这个人就不算有错误了。

如果批评者与被批评者都采取上进的态度，那么，批评就成了无产阶级政党促进自己团结与进步的武器，而不是小资产阶级滥用这个武器以达某个人或小集团目的的庸俗行为了。

1942 年 5 月 21 日，第 4 版

社论：一定要反省自己

延安各机关学校学习二十二个文件，已经一个月了。这次学习热潮，在党史上，可以算是空前的。过去有些同志对党的文件漠不关心的态度，是改变了。参加学习的同志，对于文件的内容，已经有了初步的了解。有些同志，进行了深刻的反省，有些地方，则用实际工作中的材料，来讨论文件中的问题。在有些同志中，工作积极性提高了，思想方法和工作作风，开始有了转变。学习文件已经得到了不少的实际效果。这些都是一个月来学习运动的宝贵收获。

但是有许多同志在学习文件中反省自己的工作，是作得很不够的。而反省自己正是我们掌握文件精神和实质的必要条件。只有经过反省自己，才能真正了解文件，实行文件中所包含的道理。如果没有认真的反省，切实的实行，则二十二个文件，就有变成教条的危险。这个真理，有些同志，还未彻底了解。因此，对于反省自己的问题，就有特别提出的必要。

反省自己，比只就文件学习文件要困难一些。这是向自己的已经根深蒂固了的旧思想、旧习惯挑战。这是向“旧我”作严格的审查和顽强的斗争。因此自我反省中的偏向，是必然会有的。有人把反省理解为：不是用文件中的道理来审查自己的优点和缺点，而是离开文件来背诵自己的历史，并且只背坏的一面。有人审查自己的少，审查别人的多。有些工作经验较少的同志，以为自己没有什么可以反省，只有老干部才能反省，也有个别同志想从文件中找根据，给自己的小资产阶级思想做辩护。这一切都是没有了解反省自己的意义和方法，都是应当纠正的。

中宣部“四三决定”说：“在阅读与讨论中，每人都要深思熟虑，反省自己的工作及思想、反复自己的全部历史。”这几句话，对于整个学习过程，有极其重要的意义，文件里包含着宝贵的，锐利的武器。就文件学习文件，是必要的。这就等于学习使用武器之前，先来学习武器的构造及其各部分的机能。但这只是第一步。至于使用，则必须在作用的过程中，才能学得。反省就是使用武器的开始。学习游泳术，也是一样。研究游泳书籍，可以粗知门径；自己下水，照样练习，才能完全学会游泳方法。我们所学的是革命浪潮中的游泳术。反省自己，就是第一步下水练习游泳，经过这个练习，才能逐渐领悟并且完全学会使用这个“放之四海而皆准”的思想的“游泳术”。

反省自己，就是把文件与自己联系起来，就是用文件中所说的道理，来审查自己的历史、思想和工作，就是把文件中的道理当做尺码，来量一量自己，当做天平，来称一称自己。从这里可以审查出自己的思想和作风，哪些是好的，哪些是不好的。好的要发扬，不好的要改正。这样可以得出自己努力的方向。这一方面是一步步深入了解并学习应用文件中的道理，同时又是为了彻底改造自己，打下一个基础。

在反省工作中，要特别强调的是反省自己。考察别人，还是第二步。党是党员组成的，有了健全的党员，才能有健全的党。改造全党的思想和作风，必须从每个党员改造起。三个月学习文件之后，接着就是检查工作。检查工作做的好坏，要看大家掌握正确思想方法以及个人思想和工作初步改造的程度。个人的思想和工作的改造，主要是依靠自己。自己的历史，自己的优点和缺点，自己知道的最清楚。党中央的领导和其他同志的帮助，只能给自己指出一个方向、一条道路。而道路要自己来走，别人是不能代替的。

反省是学习过程中的一个重要部分。对于新干部和老干部，是同样要紧的。经验较多的干部，反省起来，自然比较方便些。他们容易把个人生活经验和文件中的道理联系起来。但对于经验较少的同志，也决不能说完全没有可资反省之处。新干部最大部分是小资产阶级出身。不可否认，小资产阶级思想和习惯，在他们身上，是保留得更多。小资产阶级的散漫性和自由主义的习气，时常在工作与生活中表现出来。反省对于新干部来说，就是要彻底的揭发并且纠正这些小资产阶级思想和习惯的残余，建立起无产阶级的思想方法和工作作风。

在学习中，精读，笔记，讨论都是重要的。而学习成绩最重要的标准，还是实行。能够实行出来的东西，才算是真正学得东西。学而不能实行，则道理仍然在书本上，不归自己所有。因此，应当学得一点就实行一点。二十二个文件学完之后，当然还不能完全建立起新的思想方法和工作作风，但必须把旧的方向改为新的方向，必须在我们的思想上和工作上有重大的转变。这个转变，就是以反省自己为起点。没有反省自己，转变是不能达到的。

反省自己，改造自己，当然是一件不容易的事。这不是一下子可以办到的。但这又是一定可以办到的。这里需要的就是自己的决心和耐心。客观的条件，是充分具备的，而且条件的良好，是党的历史上从来没有过的。有自由研究的环境，有党中央坚强的正确的领导，有一切必需的文件和材料。现在需要的就是我们自己的努力。假如我们能够有决心来革除不好的思想和习惯，同时又有耐心一点一滴来建设新的思想和习惯，加上长时期不停的努力，则脱胎换骨，除旧布新，每个人都是可能的。

1942 年 5 月 23 日，第 1 版

如何反省自己

冯文彬

要充分掌握文件了解文件，必须经过实践的过程，而检查工作，特别是反省自己，就是实践。

近来遇到许多同志（主要是青年知识份子），他们觉得最感困难与痛苦的一件事，就是反省自己。我想这是必然的，因为只有经过反复地深思熟虑之后，才能正确的反省自己，而苦思又是接近反省自己的必经阶段，所以，要真正反省自己，的确不是一件容易的事，但只要自己能够决心去反省自己时，亦并不是十分困难的事。

关于如何反省的问题，谨提出以下几点意见，以供参考：

一、精读每个文件，了解每个文件的精神与实质，是掌握文件的第一步，紧接着应该开始第二步——即是根据文件的精神去检查工作，反省自己。只停在讨论文件上，而不去反省自己是不对的，而离开文件去乱“联系”乱“反省”一通，亦是不对的。因为前者会使理论与实际，所学与所用脱节。后者则会脱离方向的指导盲目的乱反省。因此，这两者不可缺一，否则是不可能真正掌握文件的。

二、有些同志，他不从实际的事实出发去反省自己，而是从文件的条文字句出发去反省自己。例如：他读了改造学习的报告中“中国共产党的二十年，就是马列主义的普遍真理与中国革命的具体实践日益互相结合的二十年”的一句话之后，即开始以自己的二十年来对比联系，并采取逐句逐件的与自己强联。

这种不从具体的事实出发，而机械地以文件的字句条文去勉强的套事实，去反省自己，就会犯教条主义错误的。

三、在反省自己时，对于自己的错误观点，必须做正确与恰当的估计，有多少就说多少，既不容许隐瞒与掩盖事实，亦不容许夸大事实，有同志对自己过去的缺点错误，以慷慨激昂的态度，作过分的夸大，甚至为了批评“尖锐”，为了提高到□□，只有八寸的错误，却把他提高到一尺，这是违反实事求是的态度，不是正确的自我批评，而是自发的批评。

我们要有积极的揭露错误，承认错误，改正错误的勇气，是对的，但反省自己，绝不是单纯的与消极的忏悔。脱裤子亦不仅是揭露自己的缺点错误，同时还必须首先巩固自己的成绩，发扬自己的优点与长处，特别应该提出自己今后应该努力的方向。

那种只讲错误，夸大错误，否定自己过去一切的“痛快淋漓”的反省，既不合乎实际，亦颇有“哗众取宠”之心。因为事实上，一个同志总会有他的长处与短处，成绩与缺点的两方面（当然有主要与次要方面）。如果抹煞长处与优点，只指责缺点错误，这会使自己丧失信心，而走向消极与悲观。

四、要反省自己的全部历史是必要的，但这并不是说不要作局部的反省，相反的，要反省自己的全部的历史，必须先由部分的反省，走到全部的反省，由初步的低级的反省，走到更完全的彻底的反省。因为如果没有部分的反省，亦不可能有全部的历史的反省。因此，反省应该是渐进的。在精读每个文件时，就应开始反省，决不应该等待全部文件读完了之后，才开始做反省工作。

五、要全部反省自己改造自己，亦应该认识这是一个较长期的思想教育与行动实践的问题，决不是一下子或用"暴力"的方法所能成功的。

这里，因为我们队伍中，有阶级出身的不同，过去犯错误大小的不同，工作经历与社会经验多少不同，加入党与参加团体生活历史长短的不同，政治文化水平高低的不同；所以，反省自己在迟早、快慢、深浅的差别。我们必须以不同的对象去观察他们，要求他们不同反省的程度。有多少就反省多少，能够体会与接收多少就反省多少，不应操之过急，平均看待，只要他或自己在开始反省，就是好的，即使只要微弱的反省，与细小的改进，亦应表示欢迎，和鼓励他继续反省，联系实际。

有同志想一下子就把自己的一切错误都去掉干净，这种想法，其心虽好，恐怕难办到。因为人的认识是有限制的，尤其对于小资产阶级出身的同志，认识错误，改造意识，不是采用"快刀斩乱麻"的办法所能实现的。因此，那种不愿意一点一滴的去反省自己，逐渐地去改造自己，而企图一下子就一切改好，乃是一种急性病，是一种不老实的态度。更有同志以为，从看了毛主席的报告之后，对于自己过去的一切污垢物都洗净了，已反省清楚了，从此以后完全是一个新的人了，这也是一种自欺欺人的想法，而事实是不会如此容易的。

六、反省自己主要依靠自己，是对的，强迫或等待别人来说才反省，是不对的，因为这是不自觉的。但同时，别人，特别是与自己相处较长的同志，给以帮助，亦是必要的，因为常常自己的认识较为狭小片面，所谓"旁观者清，当事者迷"。因此，除了自己应努力反省之外，应欢迎别人对自己的批评，并应该征求别人对自己的意见。

七、反省自己，脱裤子、割尾巴的工作，确是一件痛苦而不是一件容易的事，但我以为，同时又是一件人生最快乐的事。痛苦的是，因为要反省自己必经苦思，特别对于长期积累下来的错误与习惯，不经过顽强持久的斗争，是不易克服的。快乐的是，当诊断出自己所染的病是什么病的时候，便可对症下药，接近治好了，特别是找到了自己病的根源，及今后努力的方向时，应该是一件很快乐的事。因为这可以使自己恢复健康，加速进步，而整风的目的，亦正是为了“惩前毖后”，“治病救人”。

1942 年 6 月 15 日，第 4 版

我是怎样的反省自己的

韩作黎

编者按：作黎同志是延大同学，是学生出身的新党员，这篇关于他自己反省的文章，他的态度是恳切的，同时文中所讲的也触及了一部分新党员的一部分缺点，我们希望同志们把它当做反省自己的一个参考。

在学习文件当中，我深深的感到能够适当而又彻底的反省自己，并不是一件容易的事。

当我最初反省自己的时候，我完全是离开文件来反省的，而且也不是着重在反省自己的工作、思想和自己全部的历史，光是想一些琐碎的事情。比如，什么时候我对某某同志的态度不够好，什么时候我和某某同志说话的口气不够和婉等等，后来当把“中宣部四三决定”精读了几遍，同时也看到解放日报的“一定要反省自己”的社论以后，才知道我忽略了“在阅读与讨论中”来“深思熟虑”，忽略了“把文件与自己联系起来”。

从此，我谨慎地根据文件上所讲的来反省自己了。但是，这时候我就又有了一种偏向。这种偏向就是我不管文件上所批评的坏现象，自己到底有没有，就硬拿来往自己头上按。那怕是连一点联系都没有，也总要牵强附会的想出一点事实来，算做自己有过这项坏处。仿佛只有如此，才算是严格的对待了自己似的。

可是，实际上我是非常不真实和不坦白的（这一点只有我自己最清楚）。当我私下反省出自己的一点错误的时候，我总不肯当着大家面前讲出来。到和同志们交换意见或开讨论会不讲不行的时候，我却把反省出来的较大的错误，压起一概不提，只讲一些不很重要的自己认为不伤体面的缺点。因此，心里很不安稳，可是又自己安慰着自己："只要以后改掉，不讲出来也没有多大关系的。"同样，我反省出来的自己的好处，也不敢说出来，因为说出来怕人家批评自己是想出风头。

在记笔记的时候，我明明没有心得，但为着表示自己对文件的用心，就硬要皱着眉头非常艰难的记出一些实际上不是自己心得的"心得"来。有时候，一篇笔记，明明只能记二三百字，但为着怕人家说自己偷懒，就故意拉长到七八百以至于千把字。我写一篇关于批评与被批评中一些不正确的态度的文章，准备投到"学习"上去发表，本来我是没有意思反省自己的，可是恐怕别人说我只会批评人家不会反省自己，于是我就在那篇文章上勉强的添了一句："我反省反省自己。"继而又想到光说"我反省反省自己"还是不够严格，于是我就又在这个句子上加了"仔细的"三个字，使它变成了一句"我仔细的反省反省自己"。

然而，这种虚伪的态度，只能瞒着别人，却一丝一毫也瞒不过自己。这时在我的脑子里，总在反复着这句话："这能算是一个革命青年应有的态度吗?"这使我很苦恼，因为一方面，我很想痛痛快快的说出自己的一切毛病，另一方面，我又总觉得很不好意思。就这样，我的心理矛盾着。我非常恨自己。直到最近，我才坚决的想想："我一定得彻底的反省自己，并把反省出来的，不管好坏，统通说出来，写出来!"

这种决心，使我很愉快，使我感到轻松和光亮了。我重新读着文件，思索着文件上所讲的东西。在读的时候，遇着那些一下子打入自己心坎里的话，和那些对于自己认为有过的不管优点还是劣点的指示，就都是用铅笔在旁边打上记号。然后以此作根据，再去更详细的思索究竟这些打入自己心坎的话，为什么能打入自己的心坎？究竟这些优点和劣点，都表现在哪一个具体事实上，什么时候？什么地方？比如讲《农村调查序》，我就在"群众是真正的英雄，而我们自己是往往幼稚可笑的"。两句话旁边打了记号。这是因为我平常虽然一方面也知道群众是伟大的；另一方面，却又觉得，他们总没有自己更伟大，因之就“没有放下臭架子与甘当小学生的精神”，去虚心的向他们学习。再比如，读《改造我们的学习》，我就在“不注重研究现状，不注重研究历史，不注重马列主义的应用”，三句旁边打了记号。这是因为我平常读历史，常以记住了历史故事为满足；读哲学、政治经济学，常以会翻弄名词术语为满足。至于说“不注重研究现状”，这更是我最大的弊端。我来延安到现在为止，已经七八个月，对于边区的一切消息从来都是不注意的。解放日报的第二版，我从没有一次踏踏实实的读过。甚至第一版和第三版，至多也是看看大标题。常以“文艺青年”自居，报一来就先找第四版看是否是文艺，若是“卫生”、“敌情”之类就兴趣淡然了。

至于说对所在地方的风俗人情作详细的调查研究，那更是从来没有过的。这种虚浮的褊狭的学习态度，实在使我受害不浅！

读《论共产党员的修养》与《怎样做一个共产党员》，我反省到我对党没有完全做到坚决的牺牲个人利益，无条件的服从党的利益，对党是不够无上的忠实的，这里有两个事实可作证明：

去年冬天，组织上调我来延安，我却犹豫着不愿意来。使我犹豫的原因，就是当时我还在一个学校里，再有半年就要毕业了，我总想等到毕业后再来。另外我还有些嫌路远，担心在路上碰上顽固分子。这种在顾惜个人利益与畏葸怯懦的念头，整整在我脑子里盘旋了两三天，最后才考虑到这是组织上的指示，而离开学校到延安来。

远在两年前，那时我在一个地方担任着支部书记的工作，这时我和一个女子恋爱着，可是，后来我失恋了。这使我非常苦恼，以致把自己担任的最伟大的党的工作也忘掉了。我开始感到生活单调，甚至觉得革命也没有趣味。弄得有一个多月的长久时间，那个支部的工作非常松懈。然而，我却装做很严肃的态度，向上级负责同志叙述我那个支部里的情形说：“同志们的生活都过得很紧张，我们工作的进展也相当大呢。”

本来我家里是有个旧式老婆的，来延安后，在自传上、在党员登记表上，也都写上了；但当不知道的同志问我时，我总是不肯说出的。心里一直埋藏着一种私心，企图再找一个爱人。这样的想头，是否具备合乎共产党员应具备的“诚恳、坦白”与“慎独”的态度呢？自然是不符合的；但我却总不愿说出来，不愿想法去掉这种私心。这次写出来，我至少也想过有十来回。

但我也不是连一点合乎文件上所说的正确的地方都没有的。有许多文件上指出的共产党员应有的行动、应有的态度、应有的居心，我都会有过而且现在还有着的。不过我们必须得牢记，这只是我应该有必须有的罢了。就像我的身体，原是小时候跟着我祖父坐了十来年的私塾坐伤了的，直到后来，我上了中学，已经二十来岁了，还是面黄肌瘦，终年多病的。但是自从我参加了革命这三年多来，我却时常注意锻炼着我的身体；而且时常意识着我的身体是属于革命的，属于党的，我应当像爱真理一样的爱护它。这一点，是值得健康差的同志也同样注意的。

这就是我学习文件初步的对自己的反省，我十分相信，这次文件学习以后，我的意识一定要较前更坚定，我的心地也一定要较前更愉快，更光明！

六月七日于延大

1942年6月20日，第4版

略谈批评

刘代胤

根据“四三”决定中的批评与自我批评的指示，来检查过去我们的批评与自我批评，便发现了不少的毛病，凑到一块，即如后述。

在批评别人时，或者只看到别人的缺点，看不到好处；或者看到一切都好，简直是个“完人”。每一缺点必须提到“原则的高度”，并不分歧这缺点在其整个工作中，思想意识中究竟占的什么地位：主流呢，还是末流；也不分析缺点的来源，只孤立的把它夸大；看到一时的一点儿缺点，便连他“陈古八十年”的错处也一并搬出来算账，根本不问对于这些错处是逐渐改进了，还是“原封不动”的。批评时，总爱用那些尖刻字句，这样似乎还不惬意，批评完了还要在背后与同好者大加议论一番。有时不具体的提出批评，却在原则上兜圈子，而这样原则却带着刺，假如这刺刺得人家面红耳赤，便认为是方式“成功”，或自认为技术巧妙。正面批评时，没有什么，背地闲吹，满可以大大的指长论短。批评负责人时格外苛刻，每个生活上小的缺点绝要提出来惟妙惟肖地描写一番……诸如此类等等，以能使人下不了台为痛快。

在批评工作时，常爱把人家的或别部门的工作成绩避而不谈，或只轻描淡写一下；自己或自己部门的，也要避开正面明确的提出，而侧面的却不厌其烦的描写。这样一来，自己的工作也不算坏，然而也足够“谦虚”；人家的工作却至多不比我高明。对工作特别是对领导上似乎有很多的意见，又不知从哪里找到了一股怨气，但这些意见，这些怨气又以不正面的被人（特别是负责人）知道为妙，然而又要故意露点出来让人家从侧面知道。假如某一工作（当然与自己“无关”）发生了毛病，却喜把这毛病到处传后说评论，唯恐天下不乱，好像毛病的纠正与自己无关。………诸如这类等等。

人家批评自己或进行自我批评时，或多或少时地要运用上这一公式：（一）一切都对，错误的批评或许会也不解释，口里说是，心里倒“不”；或是模糊地承认原则，否认事实。（二）客观原因甚多。（三）似乎想到自己是错了，但一想：呀，居然在我也有这样的错误，脑子里一恍，过去了，再也不想。（四）人家一谈，马上就解释一大堆，或即批评到人家方式不好正面问题一抹，人家如果再一不高兴，于是不欢而散。（五）错误经人一指出，便认为严重得了不起，拿着“大帽子”连往头上戴，事情一过，又忘了。………诸如此类等等。至于当面难于放下面子，不肯承认错误，回头再仔细想一想的人，比较起来已算高明的了。

我看到的、经验到的在批评上的毛病便只想到这些。即就这些，也可以看出是与“四三决定”上的原则不相符合的。

这样的对工作、对人、对自己的批评态度，当然不能算是“严正的、彻底的、尖锐的”，也不能算是“诚恳坦白的、实事求是的、与人为善的”却正是“冷嘲热讽的、夸夸其谈的”。不是为人、为自己进步，正是阻止人，阻止自己进步。这样不能改造工作，因为即未确定地指出工作成绩以便巩固它，也未正面地指出也未估计缺点及找出克服缺点的方法，却正是加深工作困难与缺点，这样不能团结干部，却正是分裂干部的开始，客观上是把干部之间、上下级之间似乎隔了一条很深的鸿沟。这会使党、会使革命遭受了很多的损失。

然而还有许多人见了这样情形，并不以为她是缺点，有时且寄以深切地同情与快感，因为这样倒是满“痛快”于是又鼓励及帮助了这样情形的发展。这里说明了以这类观点看问题、处理问题，倒是一部分人的共通性。

这一切恐怕都是“痛快”、“个人”、“平均”等等主义在作怪，或如毛主席所说的小资产阶级的自由主义的表现。

读了“轻骑队的自我批评”再一读“四三决定”的（四）项，使我对批评有了一些领悟，也反省了一下我们小产资产阶级学生出身的共产党员在这点上所常爱犯这些毛病。当然，这并不是说都犯过这些毛病，无一人例外，也无不是说所有的毛病都犯，这不过是一些普遍的毛病的集纳，而且是就我所知道和了解来写的。或许有不对及夸大处，在我未发现以前，我是把它作为镜子来看待的。

1942年6月27日，第4版

关于反省

王超成

看到学习第九期上关于反省自己的文章，觉得有说的不够和不够完满的地方，特作下列几点说明。

研究文件必须反省自己，反省自己必须根据文件，这都是对的。自我反省是掌握文件，改进本人实际思想行动的必须步骤，但反省自己是否就是实践呢？从把文件的思想变为自己的思想来说，那么，通过反省自己，使自己在思想上起了变化，从这一点来说有着实践的意义。但这还是远远不够的，还必须把自己新的思想，新的认识贯彻到行动中去，变为新的行动，这才算完全的和真正的改进了自己的实践。有的人确也反省了自己，但只停留在反省上，没有更进一步求其实践行动的真正改进。有的人则存“哗众取宠”之心，赶热闹，学“时髦”。或者大家都已反省，自己就“不得不”反省，于是对自己的错误深恶痛绝的斥骂一番，并不厌三番五次的“公开承认”，而自己的实际思想和行动，则还是“老一套”。这二种人虽然都做了反省，但都还没有在行动上改变，都还没有实践啊！

有些同志（一部份青年知识分子）对于反省自己感到非常困难，他们或者认为自己入党不久，没有做过多少实际动作，在三风上没有什么可以反省的地方，这种想法是可能发生的，但这种想法是不对的。三风的问题不是工作多少的问题而是思想方法的问题，一个人无论如何都有他的一套思想方法，正确的或不正确的，自觉地或不自觉地。因此，纵然入党不久，纵然没有做过多少实际工作，但可以反省和应该反省的地方还是很多的。比如：入党前自己对于资产阶级和无产阶级的态度和看法；以后入党的动机如何；入党后对于阶级对于党的认识有何种转变；党性问题现在提高到从思想方法上与政治上去了解，从思想方法来看自己的党性如何，自己粗枝大叶，自以为是的党性不纯具体表现在哪里，应如何纠正克服，对工作对学习的态度如何从革命利益和革命需要出发，还是从“个人前途”、“个人利益”出发。诸如此类，足资反省的地方实在不少。

有些同志，在反省自己时，只是抽象的泛泛的指出“我粗枝大叶，自以为是的主观主义作风非常厉害，小资产阶级的尾巴很长”，“我有宗派主义倾向”，而没有从各种具体事实上，具体问题上去反省和检讨自己三风不正的地方，这种抽象的反省是不深刻的，亦不会得到实际效果的。抽象的反省可以在反省的美名下逃离反省的实际，对于自己的实际行动和思想方法的改进没有裨益。自我反省必须根据文件的内容和精神列举具体事实。或者是与敌人打仗，由于没有详细调查清楚敌人力量，进攻方向，周围环境等等原因而使斗争未能圆满进行。总之，反省必须是具体的。不仅如此，在反省时还必须分析自己错误的原因与提出今后努力的方向和办法。正如列宁所说要“揭露错误的原因，分析那产生错误的环境，仔细讨论改正错误的方法”。有些同志在反省时虽然把自己的缺点错误指出来了，但还缺乏分析错误的原因与想出改正错误的方法。这种现象，据我看到和知道的，在那些自己进行自我反省的同志中是相当普遍的。而我自己在开始进行反省时，亦犯这种的毛病，是必须纠正的。在反省中，不去分析错误的原因，提出努力的方向和改正的办法，那么，反省不会深入，对于自己的错误亦不能有很好的认识，对于错误的改正，自己实践的真正转变，亦不能有很大帮助。而要分析错误的原因，想出改进方向和办法，更非进行具体的反省不可。

有些同志在反省自己时，只在一些较小的问题上兜圈子，如对同志们帮助不够，态度不好，自己的工作不仔细，未负责，而把重要的环节问题则轻轻放过；或者根本不愿反省。有人在墙报上说："我在反省时，对粗枝大叶自以为是等，是愿意说的，对不服从组织所分配的工作，对党不坦白等，是不愿意说的，请求同志们帮助"（大意如此）。这个同志坦白的说出自己的想法是好的。但从这里，从今天同志们反省的一些事实中，却可以看出：只反省一般的较小问题，而不是反省重要的环节问题，则是值得引起严重注意的现象。个别的，点滴的反省自己是需要的，但必须把自我反省的重心放在重要的关键问题上，如自己曾否因粗枝大叶的领导工作而使革命受到很大损失？自己曾否为个人利益而使党的工作遭到很大害处？自己曾否为了个人生命关系而在革命危急的关头对工作动摇？当然的，对革命动摇的问题较对同志们帮助不够的问题，是重要十百倍的。

自我反省是改进实践的必须步骤，但还必须分析错误的原因，指出努力的方向和办法，并且脚踏实地的按照着去做，即知即行，这才算真正改进实践。有人设想在学习期间只研究，待九月廿日学习期满后再反省再改进实践，亦有人设想在学习期间要研究要反省，待九月廿日后再改进实践。这两种想法当然都是不对的，我们在学习中要注意反省，还须提倡即知即行。

此外，反省时不要把错误扩大，亦不要只讲错误不说成绩等等，已经有人说过，不再重复。这里只就反省中所发生的一些现象，加以说明。新的偏向是须继续指出的。

1942 年 6 月 27 日，第 4 版

关于反省

在工作中经常反省，是很必要的。从整风以来，我们学会了时刻反省自己；作为天天“洗脸扫地保持清洁”的有力武器。

但是，反省如果流于形式、空套，假如有人把反省挂在口上，好像事事都在反省，件件都找思想根源，但实际又是那末浅浅浮浮、轻描淡写不着边际的一套，虽然唱着“打通思想”的高调，实际上却没有丝毫的意义和效果。

例如去年七月，安塞县文教会上，检讨过对于教育工作重视不够，对学校对党员领导都差，这点在各级行政上，全做了反省。可是秋冬以来，各区学校依然没有什么起色。甚至在最近文教会上，个别教员，对领导上很有一些不满意，又如九月间，县教干部在讨论《前线》和刘子久的长借用文件时，不少同志会反省自己过去不用脑子、不求进步、自以为是等毛病，且以戈雷洛夫为警戒。可是数月来，工作中仍不免事物缠人，用手多于用脑，干部的相互间，研究风气仍未普遍和经常，甚至还有个别人仍旧固封着老脑筋、旧经验为奇货……

因为那些反省还仅仅是口头上的，不但对改造工作、改造思想的作用不大，而且产生一些不良现象：有人将许多毛病，只简单空洞的归结到思想问题上，就“万事大吉”了；有人很贼活的学会了反省“方法”，口里天花乱坠的“大反其省”，其实内心毫未认识。有人觉得“还不就是那样”，认为反省对工作效果不大，因此缺乏信心，而甚至有点厌烦了。

反省既是很重要，那么，怎样才不至“八股”呢？根据过去存在的缺点，和一些同志来谈，我们觉得平常要随时检讨工作，研究业务，使思想上的毛病，和反映在具体工作上、行动上的缺点，能在检讨中具体找出来，这样的反省将不致工作脱节流于空虚浮夸。在一个工作检讨或会议之前，一定要有相互之间的酝酿，才不至开会时因为意见不成熟，而仓促应付。事前有了酝酿，意见又能相当成熟，这样才能使口里反省和思想上实际认识一致，应当改变那种轮流自白反省的方法，要组织典型人物或问题作深刻反省。还有大家细心的帮助分析讨论，且要澄清是非，使反省者分明黑白，并给具体的指出改进方法，使反省者有所适从。领导上重要的还是在于能从形成错误的根源上帮助治本、能具体解决改进中的困难问题。最后，领导上的民主作风，对于反省和改进，是极为重要的。这样才会启发群众大家乐于反省、敢于反省、虚心反省，反省的内容，就可能深刻，不至流于空洞和形式，反省之后，也可能进行有效的改进。

如上管见，是否有当，供大家参考。

1945 年 3 月 19 日，第 2 版

我们还要洗脸

由于解放区的扩大，由于新的工作不断地需要我们去做，最近我们会陆续有大批同志离开延安到别的地方去。在这时候，一个新的情况是摆在我们的面前了：不论是走的或是留在延安的同志，事实上都需要比以前更加紧和更有成效的工作，我们的任务是更重了。

在现在这时候，我们每个人都应该立刻意识到自己的更加重大的责任，我们每个人都应该很好的检查自己：我们是否能够很好地担起新形势所给我们的新任务呢？我们有许多来延安已经七八年了，几乎整个抗战期间都受着党的教育，我们会不会辜负党给我们的期望呢？党的七次大会开完了，我们是否每个人都能了解文件的精神，并且实际的贯彻到工作中去？贯彻到即使最细小的工作中去？我们还有哪些思想和行动还值得检讨的？我们还有哪些地方蒙上灰尘需要我们用洗脸的方法洗掉的？……所有这一连串问题，都是我们每个人应该深切思索的，而只要我们能够比较深切的思索，我们便一定会感到自己还不够，会感到过去总有哪些机会没有好好的提高自己，同时也会感到现在这个匆促的时候要来补救，实在是已经来不及。

然而，另一方面，正是在环境复杂的变化着的时候，我们也很容易发生另外的种种复杂的思想，使我们想到思想的改造过程，往往是走着或大或小的“之”字路。

毫无疑问，我们的总的目标是为人民服务，但是，在这中间，我们是否也有人混杂着或多或少的个人的打算，因而影响了自己也影响了别人？

这样的影响，是会有的。例如有些人要想到城市去，目的是为了发展自己。关于这点，如果担任责任更重大的工作，出发点是为了能够更多的为人民服务，这自然是对的。在这种情形下，自己同时得到进步和发展，这并不违背党的利益。但如果我们怀抱着一个人名誉地位的、个人英雄主义的想法，便不对了。

另外，关于到大城市去享受的想法，也是有的。有着这种想法的人，往往这样替自己辩护：在延安生活的这几年，吃小米干饭是受了苦了，将来到大城市去享受较好的生活是应该的和合理的。他们同样的一心要想离开延安。他们是并不是时时刻刻的想到这时候加在每个人身上的更重大的责任的。

自然，我们或许还可以找到更多的各种各样的个人的想法，但共同的表现便是一心要想离开延安，愈快愈好，甚至不管到哪一个解放区都好。不安于现在的工作岗位，不甘于再待在陕北这样的农村环境，有些为了达到自己的目的，认为把目前担任的工作做坏了也不要紧。

我们应该这样的反省：这样的想法是脑子被个人打算的灰尘沾染了，应该好好地洗刷。毛主席告诉过我们，每个人的思想好比每个人的脸孔一样，不常常洗是不成的。我们必须洗刷，必须用乐于学习的精神来纠正我们不正确的思想。

如果我们不论是理论上的而且是实际的决心为人民服务，那么，我们便不管到别的地方去或留在后方，都应该时时刻刻一心一意的为人民打算，而不只想到个人的生活。

我们更不要因为自己个人的打算，而把现在的工作放弃了，做坏了或是根本抛开了，因为这是对人民不负责任的态度。而且，这种态度如果不克服，即使到了你所理想的地区去，也不能真正的、长久的、全心全意的为人民工作的。

关于希望到大城市去享福的问题，我们以为：在延安，物质条件虽然困难一点，但在整个战争环境中，延安的物质生活和地方、和国民党统治区域，和现在新收复的区域比起来，实在不能算苦。而且，我们应该自问，我们在本地吃了老百姓七八年的小米饭，究竟替老百姓做了多少事情？是我们真的受了委屈和吃了苦呢，还是我们对不起老百姓？我们是不是已经完全问心无愧了呢？我们如果想到这些，我们也许不会只说延安物质生活苦了。

而且，同样重要的是，不要以为到别的地方去便一定生活的更好，相反的，也许会遇到比现在更艰苦的时候，也许——而且一定有这样的情形——要走到所谓“穷乡僻壤”去做群众工作。如果现在我们没有充分的精神准备，如果我们只一心想着去享受，到那时候我们又会怎样想呢？

总之，任何个人的或是不很实际的幻想，都是不该有的，我们应该更加确定我们为人民服务到老到死的志愿，一生都做革命的创业者的志愿。鲁迅说的“吃的是青草，挤出来的是牛奶”的精神，是我们时时刻刻都应该记住的。

1945 年 10 月 9 日，第 4 版

检讨与改正

四四、四五两年，边区各乡区乡干部都进行了冬训，极大部份区乡干部，均反省了过去工作上的缺点，经反省后，有的在工作上有了改正，有的改正的不多，也有的依然如故，还有的为了改正一个缺点，而又“矫枉过正”的产生了另一个缺点。为什么会有如上这种现象的产生，而特别是后两种现象，是值得研究的。从关于四五年干部冬训的报道中可以看出，四五年所检讨的工作缺点，与四四年的大体相同，如工作方式简单化、缺乏调查研究、缺乏典型领导等，所不同的仅只是由于反对强迫命令，产生了一些自流放任的倾向。当然转变作风，是比较长期艰苦的事件，但是在检讨和改正的方法上还是应该力求完善，才能加快这个转变。比如一个工作缺点的产生，特别是成为一种相当普遍的作风问题，就不只是某一个工作干部或某一级工作机关的问题，而是干部的相互间、上下级间都有关系的。所以一个工作作风的检讨和改正，从区乡干部的工作上去找根源，仅是检讨时的一方面，另一方面，还需要县的领导机关的反省和检讨，但一个县级领导干部的检讨和反省，却做

得很少。当然，这并不是说县级领导干部不愿意检讨和反省，而是检讨的不够深刻和具体。举例来说：关于区、乡干部工作方式的简单化的检讨，主要是因为“任务多、办法少”，这里除应检讨区、乡干部本身对工作方法的学习精神不够外，就应该检讨县级领导机关对区、乡的工作领导上，是否分开了先后轻重，给他们以一定的时间支配，教给了多少工作办法，这些问题，就应该由县级机关进行检讨的。再，干部冬训不只是检讨区、乡干部的工作，而是一个互相检讨、互相批评、互相学习的机会。可是在过去县级干部同志除了少数领导冬训的同志参加外，其他同志就很少参加，或是参加了，对区、乡干部的意见也不很注意，这种认识也是值得注意纠正的。

有了上下的、互相间的、全面的、彻底的检讨之后，即需要指出具体的改正办法，如果没有具体的改正办法，即会使检讨是一回事，改正又是一回事，或者是为了改正旧的缺点，而又产生了新的偏向。如在四四年的干部冬训中，曾检讨了区、乡干部强迫命令的工作方式，但如何才能既不强迫命令，又能完成工作任务呢？这个问题，从四四年干部冬训结束后，一般区、乡干部的思想上还没有得到解决，因而在各种改正上产生了自流放任的现象。在过去的两次干部冬训中，一般的多着重在缺点的检讨，这是对的，但另一方面对产生这些缺点的原因和改正的具体办法，却未予足够的注意。

为了把今后工作做得更好，将我们工作作风上所存在的一些问题，有一个比较彻底的改造和转变，必须要进行自上而下的、相互贯通的工作检讨，然后想出改正缺点的方法，在实际工作中时时刻刻的、有计划有组织的、切切实实的贯彻执行。

1946 年 2 月 26 日，第 2 版

西北医专党员与非党员共同学习党章

刘　兰　高崇礼　马晒房

西北医专自上月开始学习党章，许多非党同志都自动参加。在学习

大会上，马校长、郎主任着重指出：一个医生没有为人民服务的观点和立场，光有技术，是会医死人的，因此我们要学习政治，学习党章。会后政治处规定了三个月学习时间；并建立了中心组。领导上首先进行了研究，找了参考书，规定每礼拜集体漫谈一次，把改进业务和学习党章联系起来。

学习一开始便进入了检讨。孙正元同志说："我听了马校长的话，提醒了我光学习技术，怕学习政治的偏向。"柳敏接着讲："我生在边区长在边区，吃了革命的饭，享了革命的幸福，不了解党章真惭愧，这次要好好检查自己的思想，提高自己的政治认识，加强自己的工作。"

许多非党同志也自愿参加了。他们都订了本子，写笔记，作反省。政治处还召集了一次要求入党同志座谈会，很多同志发言说："我为什么没入党，以前我常埋怨组织；从参加学习党章，检查了自己后，连我自己也觉得做一个共产党员还不够格；但我有决心好好学习，反省自己、努力工作，来弥补上自己的缺点，学习好了再要求入党。"

在学习前有的同志表现自己什么都懂了，政治处为克服这种不虚心、骄傲现象，做了一次党章学习测验。测试结果：证明知道的都很肤浅。许多同志说："以前认为了解问题还可以，经过一考，才知道认识太不够了。"高八虎与高崇礼提出竞赛，有缺点互相提意见，不要重犯，在学习中看谁进步快，检讨自己要深刻。

现在医专学习的空气非常高涨，就在短短的十几天中，有些同志就进步非常显著。比如李立楫以前生活学习都很散漫，常和别人闹别扭，可是他热心学习党章，把《论共产党员修养》《反对自由主义》看了后，他感动的说："我把我衡量了一下，好的没有，自由主义犯得太多了；再姑息自己的缺点，那太危险啦。"

1946年6月28日，第2版

联系个人思想展开自我批评　中央党校学习党章

"学习毛泽东思想，提高干部，提高全党，以实现中华民族和中国人民的彻底解放。"中央党校全部学工人员现正为此目的而逐步深入学习“七大”通过之中国共产党党章。党校自六月十二日开始党章学习，分为初学、分阶段研究及开始三个步骤，全部时间约三四月。初学两周已告结束，现正相继分段研究党章之总纲。

领导全校学习之教务处，为明确规定党章的目的是掌握党章的指导思想，组织原则，以及各项组织条例，成为今后实际工作、建党中的依据。使学习党章联系实际，解决每个同志思想上现存具体问题，以减去学习党章的阻碍，并使每个同志有计划地提高思想。特于事先通过各支部深入小组搜集情况，了解学工人员半年来思想动态，加以综合分析，然后传达下去，热烈时论，以期深入了解，具体领导以收实效。教务处侯副主任于十二日报告“怎样学习党章”中，首先指出半年来的思想动态，概括出现在：对于工作的要求和行动；支部生活；对人对己的看法和态度……到公私经济的态度，对个人事情的整理；对自己工作前途和地位；对于党内民主的发展；学习态度；对过去整风的认识；群众观点等。侯副主任于报告中列举事实加以阐明，并要求大家自己去好好分析。侯副主任告诉大家：“必须掌握正确的学习方法，才能收到学习成就。”他指出的学习方法为：

（一）多想，必须自觉的主动的去想，以自己的思想劳动创造自己的思想成果，并指出过去有些同志在运用此点时，却有如下错误的想法，如只想小的，不想大的，只想自己不想党的政策，只想将来，不想现在，只想自己的优点，不想自己的缺点，只想人家的缺点，不想人家的优点，只想达到目的，不想具体过程，只想顺利，不想困难……此种想法应予纠正，而代之以“从实际出发”，“从群众出发”，“综合与分析”的想法。

（二）放手发动自己思想，讲出个人存在的问题并求得解决，但同时须防止只讲别人不讲自己，或只管自己不管别人只知自由思想不知解决问题。

（三）学习上的群众路线，经过集体讨论求得认识一致，但讨论中要有虚心的态度，实事求是，与人为善，相信大家的力量。

（四）坚持真理，修正错误。要求大家在坚持真理时，虚心听取别人的意见，纠正自己的错误，纠正说了完事、不坚持也不修正、说出后就不纠正等偏向。

（五）在上述四种学习方法中，贯串着一个方法，就是自我批评。

在初学两周中，全体学工人员初步浏览了党章，并以习仲勋关于“边区党内思想情况”作启示，联系自己进行检讨，并各自提出思想上存在的问题，因此两周的初学已使领导上及相互间取得了解，每个人已明确了解了学习党章的目的，克服了一切不安心及不联系思想的偏向。自然也为今后的工作提供了珍贵的材料。

六月廿四日，党校将初学阶段进行了总结报告，并传达刘少奇“关于修改党章报告”总纲部份。现总纲部分学习已开始，决定三周完成，现在全体已进入精读与交谈中。

1946 年 7 月 1 日，第 1 版

王家坪机关学习党章工作有改进

本报讯：王家坪机关于三月余党章学习后，党的生活加强了，干部思想有了进步，工作效率亦较前提高，并在实践中进一步领会了党章的思想原则，王家坪机关获得这些学习成果，主要原因在于能够联系本机关的实际问题来学习，当二月初开始学习党章时，正值时局进入和平民主新阶段的开始，干部调动频繁，人心不安的现象很普遍，加上各级干部的水平不齐，各部门的业务不强，总支委员又大部调走，所以在学习布置半月以后，11 个支部仅有四个开始学习，总支乃决定以先团结已经开始学习的支部取得的经验。来推动其余支部的办法，召开已学支部的支书联席会，汇报学习情况及经验，并根据四个支部学习中提出的几十个问题，召开全体党员大会，由□涛同志做解答，同时即将四个支部学习的情况和经验，由林四同志报告之后，学习党章的情绪乃普遍展开。

各支部有了学习的潮流之后，同志们的学习积极性与创造性也展开了，有的支部即联系每个人的工作态度，进行反省，民主讨论，作出每个人的工作决定；有的支部按照第一章《党员》各条，联系讨论新党员入党问题；文化上不能看文件的，则组织上大课……总支并组织了卅十多人的干部学习组，因此推动全部。至四月中旬，各支部已感到需要进

一步掌握党章的思想和原则，总支部亦然为党章中的各项条文的学习，可配合改选总支（实际上亦正需要改选）的实际工作来进行。接着便在总支提出的“认清时局，加强团结，改进工作”的口号下，决定召开党员代表大会。自四月廿七日起两天半会议中，除检讨了上届总支工作外，并按当时时局形势，及本机关具体情况，经过各项有关党的建设提案达卅四件，最终改选总支委。会后，代表们则返回各支传达大会精神，及各项决议以后，才把王家坪机关中，自日寇投降以来的散漫现象，逐渐克服了。

1946 年 7 月 15 日，第 2 版

学习党章以后的心得　延大司法班一读者

在写心得以前，我首先将我学习党章以前的情形略为回忆。因我未很好的受过政治教育，故我的思想上面存在着许多毛病。

（一）在思想上有升官发财怕吃苦的现象，如开始分配我工作时，叫我去当个乡文书，我就不想去，因为乡上是吃苦的工作，做饭呀、工作呀，都要自己去干。看见学文学舒服，吃的是白馍、面条，穿的是洋布，每月还多少给几个津贴，毫不想到工作究竟是为个人利益呢？还是为工作的需要，为大多数人的利益呢？

（二）在语言行动上是唯一的自高自大者，瞒哄自己的错误不接受别人的意见，自我批评根本谈不到，在学校时和教员吵过嘴，和同学打过架，当同学们批评我时，我还很有道理的给一个反驳。一听到别人批评时，不管对不对都不接取。

（三）在政治上是模糊不明，只听到共产党这个名字和它的好，但实际不知道它的性质与组织是什么。因为此我对党也没有很好的认识，同时也没打定我的人生观，将来究竟作个什么样的人。

关于我学习党章以后的心得概括于下：

（一）我知道了中国共产党是中国工人先进的有组织的部队，他的基本任务是为无产阶级的利益而奋斗的，因而我就回想到我自己，也是无产阶级的一份子。我以前是个牧童，十三岁的时候始入共产党办的普小

读书，直到今天，还给我书读，培养我成人，今后还更多的培养我，教育我，给我光明远大的前途，因之，我现在就确定了我的人生观，永远跟着共产党走，围绕在党的周围，它叫我做什么，我就做什么。

（二）我懂得了些用唯物主义的辩证法看问题：如在政协会议胜利闭幕以后我以为这一下天下太平、万事大吉，就没有去看蒋介石那几十年的顽固脑子及美国帝国主义份子给他撑腰，只是片面的看问题。

（三）总的来说，我学了党章以后，对我的帮助很大，解决了我的思想问题，除去了自高自大的表现。对问题的看法，不是从主观上想，而是从各方面去了解实际情况。虽然自己没有那样的能力，但竭力向这方面修养，现在也可以接受别人的意见，也能向别人学习了。

这次学习党章以后，给每个同学的帮助都很大，如有外边来的学生他说："我进边区以前，在外边听人说，共产党杀人放火。"进了边区以后，却完全是相反的。他的思想也搞得很好，他知道共产党是为人民办事的政党，学会了自我批评，对同学们的帮助都很好，生产也很积极。

1946 年 8 月 22 日，第 4 版

减租工作的反省及对甘泉领导作风的意见

——学习党章的一点感想

任国桢

编者按：国桢同志学习党章，联系到自己的工作与本县的工作，进行了自我批评与批判，从思想上反省了自己在减租工作中的缺点，也指出了县上领导作风的毛病，虽然材料不多，还不够深刻；但他能坚持学习，能联系实际、勇于自我批评与批评，希望纠正错误改进工作的精神是很好的。日寇投降以来，时局的演变相当曲折，某些工作干部的思想不免受些影响，对新的局势、新的工作缺乏正确的认识与办法，因此，怎样检讨自己的思想与作风，深刻地进行自我批评，应该是各级工作干部在党章学习中的首要课题。

减租，是甘泉城市区（有两个行政村未分配过土地）群众的迫切要求，也是抗战以来上级党、政府所着重提出的任务。但是，过去的甘泉领导上，忽视了这一工作。有些不法地主，竟然提高租额（如把定租，由二斗提高到三斗甚至二斗米租，把活租由“三七”提高到“对分”）。佃户每年辛苦所得，几乎一半被地主拿去，致使他们的光景这几年和一般群众比较，表现得停滞不前，没有上升（最近杨家砭调查，十二户佃农中就有三户只可以维持旧状），他们的生产情绪是很低沉的。

去年虽然进行了减租，但是减的很不彻底，这主要应该由我负责。首先，我的思想上，对政策没有明确的认识，群众观点不够，无原则的向地主妥协。在市政府第一次研究这个问题的时候，大家认为“今年刚开始减租，不要操之过急。”于是就按着最低限度（百分之二十五）去减，对于佃农的薄收也未照顾。这几年中，不法地主任意给农民加上的租子，也未退出。

反问一下，什么叫做“过急”呢？难道说把多年压在劳动人民身上的痛苦，一下子去掉，就叫“过急”吗？这样做下去，会变成被广大劳苦农民唾弃的可怜虫的。如果是为了使地主不要过于不满，那么今年迁就了，以后打算怎么办呢？这种糊涂思想，恰恰给那些不法地主造就了反攻的桥梁，其发展前途是不堪设想的。

此外，农户虽然组建起来了，但并未在农会中很好的进行政策教育，很好的为他们出主意，撑腰，把农民团结在农会周围，典型的进行清算，展示出农民的力量，稳固减租工作。

在减租以后，又没有组织农民很好的转入生产运动中。

现在的甘泉领导上，我认为还缺乏深入为农村调查研究的作风。有的领导同志可能认为“我们的干部，有土地革命和八年的工作经验，工作只要布置下去，是一定可以完成的（至于完成的尺度如何，似乎不必深究）。”另一方面，也许像七月十五日《解放日报》一版，表扬马斌（东北一个县书）优良作风一文中所提出的“认为机关工作放不开，不愿下乡”。因此，科里的干部，也有了“下乡不如留下安逸”的想法，如果决定某科出发一个干部，有的科长就会决定自己守机关，让科员下乡。

对于每次的工作经验总结，也很不多。这一点，今年上边两次指出

（一是民厅关于甘泉四年来的工作总结报告的批答，一是地委李书记阅读甘泉春耕工作初级报告的意见），这一点和深入下层是分不开的。此外，一般干部不习惯研究，每次坐下研究工作总结或什么材料的时候，大家都是觉着麻烦，认为工作做了就对啦，至于怎样“写报告”（有些同志认为总结就是为了报告），那是秘书的事情，有的同志认为：“写东西，一个人一个写法，怎样写都可以。”

有人批评甘泉工作效率不高，缺乏朝气，以上两点是其原因的一部分，领导同志下乡少，一方面是了解下情不深入，难以掌握工作的具体执行，就是决心整顿也不易整顿得彻底；另一方面领导人下乡，干部和群众在接受任务的态度上也显然不同，工作比较容易推敲。

1946 年 9 月 7 日，第 4 版

志丹党章学得怎样

李耀峰

志丹县级各机关单位干部三十二人，从四月中旬开始学习党章，到七月底止为第一时期，这个时期是以自己阅读为主，座谈讲解为辅。每人虽达到了解文件的意思，但与实际联系较差，未能很好展开思想反省和自我批评。八月以后为第二时期，先开干部思想动员大会，由县书王耀华根据《解放日报》七月一日登载《中央党校学习党章》一文，联系本县实际情况，经过廿几天的讨论研究，颇有收获。

首先，许多干部坦白地自我暴露思想和作风的弱点，这就便于作进一步的检讨，以教育大家，有这样一些主要的事例：

有些同志反省自己过去不了解中国革命的艰苦和复杂，对革命前途认识模糊，因此在思想上就发生动摇。县府一个科员说：“我常想退伍回家，所以工作情绪不高，消极怠工，敷衍了事，遇事推拖，开会不到，到也不发言。”

有些同志只为个人打算，不关心群众利益，某干部反省：“这几年来，我很少去想工作，脑子里整天盘算着怎样做些挣钱的生意，把个人

生活闹好点，讨个老婆，生个儿子，儿子长大好侍候我……”

很多干部对学习缺乏主动性，不总结经验。

那么，是用什么学习方法，来暴露和解决大家思想与作风上的弱点呢？

一、有的同志反省出不正确的倾向时，小组会上即认真研究，弄清是非，找出错误根源，给予改正方法，不是打击嘲笑。

二、事先阅读有关改造思想的参考书，如党内斗争，党员修养，增强党性决定等文件，指示同志们反省的方向和范围，联系本身工作进行检讨。

三、开小组会，相互提意见。比如，别人提出某某同志应在那方面进行反省，或者自己首先提出哪些地方不对，还有单位与单位之间提意见，不论日常琐事或领导问题，什么都可讲，由各单位学习组长写成书面材料，交给另外一个单位，以供他们反省时参考。

四、指定思想较好的同志六人，和认识较差的同志进行个别谈话，检查他们学习态度是否正确，怎样去写反省笔记。解决其学习中的困难。

五、同志们轮流传阅反省笔记，交换心得。县书王耀华反省如何为群众全心全意服务的问题时写到：“六月间我到七区工作，看见还有许多贫苦的农民；今年来又流行许多疾病；全县还有三万多人穿衣的问题未解决，因此，摆在我们面前的迫切任务是：如何增加人民财富、减少疾病死亡。……”

许多干部看了他的反省笔记后得到启示，知道如何联系实际问题，如何具体为人民服务。

但在领导学习上我们还有好多缺点，比如宣传部和各单位交换经验不够，只在学习开始时开过一次小组长联席会，以后再没有开过会。有的同志虽然进行了反省，但仍未从思想上解决问题。领导上对大家的启发还不够，个别谈话进行得较少。今后要改正以上缺点，继续改进工作，更好地为人民服务，这就是我们学习党章的目的。

1946 年 9 月 21 日，第 2 版

西北局召开两次会议决定联系实际加强党章学习

发扬自我批评，改造干部思想，增进工作效能，准备粉碎蒋介石对边区的进攻。

最近西北局连续召集的两次会议，预示着今年边区党员干部的党章学习将转入一个紧张而活泼的阶段。第一次会议是本月十二日的西北局常委会，另一个是十七日的边区级各级机关首长会议，两次会议在听取了李卓然同志关于过去各机关党章学习情况的报告及对今后学习的意见后，习仲勋、谢老、贾拓夫、马文瑞、王子宜、周兴、范子文、马锡五等同志均先后发言，一致认为在过去数月的党章学习中存在的主要缺点是学习未能与实际密切联系，脱离对目前干部思想倾向的检讨，没有和工作结合，以致有认为学习妨碍业务，或者借口工作忙，干脆放弃学习；有的则虽提出了一些实际问题，却没有得到适当的解决，以致影响学习情绪。造成这一切的最主要的原因是某些机关首长自己不勤加学习，也不关心、不重视机关学习。因此，会议一致认为在目前蒋介石大举向解放区进攻，我陕甘宁边区也正处在严重的内战威胁的局面下，重新深入学习党章，改造干部思想，增进工作效能，加强自卫准备，实为今天全党急不容缓的任务，而要学习得好，则应充分利用整风经验，首先是使学习与实际结合起来，由上（首先是上）而下地进行检讨工作，反省思想，领导上应大胆的发扬民主，使大家有话都能讲出来，学习的目的不仅是要弄通思想，而更重要的是要解决问题，团结干部，在学习中提出的一切问题，学习小组不能解决的，可以提出自己的意见提交上级直到西北局常委会处理，对于违反纪律的事件，将给予纪律的处分。“解决问题”——这将是将来检查学习成绩的重要标志。会议并针对着目前工作与干部思想中存在的问题，确定在学习党章中联系学习中央关于增强党性的决定，毛主席的《反对自由主义》，刘少奇党章报告中的《群众路线》部分及高岗同志关于作风问题的报告。其次就是各机关的首长自己要以身作则，参加学习，关心学习，领导学习，西北局常委特责成各级党委与党组应视领导干部学习与领导干部工作为同等重要的任务，经常了解机关学习的情况，研讨促进学习的办法，引导学习走向与实际结合。边区一级各机关将设一学习秘书，以便经常与西北局宣传部取得联系，反映学习情况。最后，会议决定延安边区级各机关应于最近根据本机关存在的问题召开一次学习动员大会，勿使每个机关，每个党员干部“动起来”，毫无例外的，一律卷入学习党章的热潮中去。

1946年9月28日，第1版

学习党章的目的与方法

李卓然

根据西北局的决定，边区县级以上的在职党员干部，从今年一月起即已开始学习党章。但在过去的大半年当中，有的因为工作学习未能适当配合，早已陷于停顿状态，有的则因学习的方法不大对头，故收效亦微，只有极少数单位学的较好。西北局鉴于此种情况，故又决定从九月起重新继续党章学习并延期至本年十二月底结束，兹特趁此机会就个人见解所及，提出一点意见以供参考。

有些同志问学习党章的目的何在？在学习中要解决什么问题？初听起来这种问题似乎都是不能成立的，因为在整风学习中我们都已懂得了，学习文件的目的不仅在于了解它的内容，更重要的还在于根据它的精神实质来改正思想与改进工作。学习党章的目的当然也是如此，这是个问题么？但仔细一想，事情并不如此简单。我们的工作已经做得不错，各方面都有很大成绩，这是不可否认的；但从另一方面看，党员干部思想作风上的毛病与实际工作中的缺点也还不少，而且这些毛病、缺点，有各种性质的不同表现，有各人对这些毛病缺点的看法和了解的不一致。这些具体问题，在党章上是没有写上的，如果在学习中没有正确的方法指导，则可能与这些实际问题脱节，有的不去联系，有的联系不起来，这样就会失去学习的改造意义，不能达到上述的学习目的。比如今天全边区人民正面临着保卫边区的艰巨任务，动员一切力量粉碎蒋介石的进攻就是我们检讨党员思想与工作的主要标准。如果我们在学习中的检讨，离开了这种实际情况则就会发生偏向，反之，如果我们善于把党章的思想与各种实际情况结合起来，则学习中的检讨，就有了生动的内容，且能真有助于实际工作的改进；所谓“战争观念模糊糊”，“工作效率慢吞吞”是战争实际所不允许的，也是党章原则不允许的，只热烈响应战争的号召而不去加强自己的实际工作，因而表现工作中的不安情绪与自由主义等，既是学习党章中所要解决的思想问题，也是改进工作中所要解决的实际问题。总之，改正思想与改进工作的目的不是从背诵文件词句中去求实现，而是要从检讨思想作风与实际工作中去求实现。在这些实际的检讨中各部门的负责同志要善于抓住实际问题引导大家去共同研究、分析，发扬成绩，改正错误，区别何者是比较普遍的偏向，因而影响实际工作最大，何者虽是个别例子，（如贪污现象）但由于其性质的严重必须彻底纠正；何者在领导上看来可能只是日常生活小事，但由于多数同志的注意就有重新考虑与讨论之必要。在这些研究、分析与讨论的过程中，领导者的责任主要在于掌握原则、发扬民主、启发自觉与解决问题。掌握原则就是要使学习有中心，不致脱离实际，并帮助大家区别是非，认识真理。发扬民主就是要保证实行毛主席所指示的：知无不言，言无不尽，言者无罪，闻者足戒的方针。启发自觉就是要避免所谓：“摊派式”的反省，使反省真正基于个人认识的转变，因而就成为转变工作的起点。解决问题就是要使学习中所提出的问题均能得到适当的解决，纠正所谓：“学习不顶事”，“学习不能解决实际问题”的倾向，如果有些问题（如有关改变上级的工作制度或决定等）的解决超出了本部门的权限，则应立即报告上级求得解决，万不可敷衍了事。用这种方法来学习，就会使学习有生气，就会在学习中逐渐提高干部的分析能力与政治水平，就会使改正思想，转变工作，团结干部，团结全党的目的实现。

由上所述，可知党章学习目的与方法的统一，认识与实践的统一，改正思想与改进工作的统一，其关键全在于领导。一切学习条例的检验都说明：只要坚持实行“首长负责”这一条，一切领导者均能在自我批评面前采取实事求是的态度，不仅乐于接受大家的批评而且勇于改正自己的错误缺点，不仅倾听正确的意见，就是对于不正确的批评，也是先倾听，再分析，不采取“堵口”的办法，只要领导者有了这种态度，则在职干部学习中的一切问题，都可迎刃而解，什么“工作忙不能学习”“学习不顶事”“批评怕惹人”“学习不能解决问题”等等说法都会失去根基，健全的学习风气就会大大的生长起来。

让我们大家都在增强党性，贯彻群众观点，增强工作效能，争取自卫战争胜利的共同目标下努力学习吧，看谁学得更多一点与更好一点！

1946 年 9 月 28 日，第 1—2 版

中印厂学习党章，注重解决实际问题

李绍英

中央印刷厂于本月廿三日正式开始学习刘少奇同志“关于修改党章的报告”（学习时间六个月）目的在于使全厂员工进一步认识“毛泽东思想”。着重从实际出发，解决实际问题如有个别工人同志不安心于印刷厂事业，自己瞧不起自己——工人；有了缺点不要组织批评，动辄发脾气，要求调走。在行政、工会、支部的领导上亦存在一些缺点，如不深入下层等要在这次学习中改进。

非党同志也自愿参加；已有十二个职工报名，支部将报名者按其文化程度编了小组。如机器部工人刘德胜同志，在总支未宣布非党同志可以参加学习党章前，他就要求参加，他认为这是学习毛主席思想的好机会。

学习方法：有阅读能力者：要做笔记。小组中平日在晚自习分成小集体座谈酝酿，交换意见，由支部汇集各小组意见分发各小组作为讨论时之参考。黑板报作为领导学习的工具，及时介绍好的学习方法。对于阅读能力较差同志的学习：给文化课增添一门政治课。

1946 年 9 月 29 日，第 1 版

干保育工作是下贱的吗

——学习党章反省笔记之一

鲍　侃

这次重新开始学习党章，要求自己联系实际，好好来检讨思想，改

进工作。我研讨到党员义务一条中，号召每个同志在自己的工作岗位上一定要精通业务，不禁便联想起自己对保育工作的认识和态度。

四一年五月，我从女大出来，投到保育院工作，到现在已经五年多了，可是没有干出什么成绩来，试问自己是什么原因呢？原来思想上是轻视这个工作的。在女大时，经常幻想做一番轰轰烈烈的事，就当为自己兴趣在文学与理论方面，将来做一个马列主义的理论家或文学家；可是组织上找我谈话来了，让我到保育院来工作，这真是“晴天霹雳”，出人意料！当时我想：“我怎么能做这样噜嗦的带孩子工作呢？”只是懂得应该服从组织一点，就勉强地去了保育院。

在实际工作中，遇到了很多困难，更觉得自己不能做这工作，便想出很多理由来声明，比如说我没有养过孩子，不会搞孩子的一套，心急，对孩子没有忍耐，或者说没有学过师范，什么儿童心理一律不知道，总之，觉得保育工作是下贱的，由于这种认识，就不免在工作中产生了马虎和应付的态度，更无从谈起业务学习、改进工作了。心里想：“去吧！我又不是干他一辈子，学业务干嘛？”有时有人问我在哪里工作呀？我回答说：“北门外。”不愿意告诉同学或别人说在保育院，好像有多大耻辱。

整风以后，学了文件，自己深深地发觉了很多弱点，觉得过去一切，都是小资产阶级的虚荣心，认识了革命工作没有那么多高贵与下贱之分，只是分工与责任不同，保育工作也是革命工作的一部分，从此以后，自己对保育工作的观点态度便开始有了转变，保育孩子的好感与亲切感便增加起来了。想到这次学习党章，在互相研讨与自我批评反省过程中，更决定了我为孩子服务的决心，再不空想当一个什么家，什么家，愿意在保育工作岗位上好好研究业务，重新埋头干下去。正因为这样，我的精神变得愉快了。工作格外有了兴趣，体验到集中的把精神交予工作，浸末在孩子纯洁的欢笑里，是无上的快乐与安慰！现在，有人问我在哪里工作，我可以愉快而响亮地告诉他：“第一保育院。”因为，我感到干保育工作是光荣的！

前次，少奇同志来本院参观，谆谆的勉励我们说：“每个人为革命只能做一份工作，保育革命后代，是革命工作中重要的一部分！你们把这份工作做得很出色，有成绩的话，那就是对革命有了很大贡献，希望大家要安心的工作，把它作为一种事业，来研究与推进……”听了这席话，我们希望今天在保育工作岗位上的同志们，都能百倍的努力，把我们的孩子保育得更健康。

1946 年 9 月 30 日，第 4 版

延川学习党章展开自我批评 司法工作缺乏调查研究

据县宣报道：县委县府党章学习小组，学总纲时联系本县实际问题，针对司法工作展开检讨，求得改进。一致认为自去年边区司法会后，虽在制度上有了进步，但目前仍存在严重弱点。一、缺乏调查研究，常凭道听途说或犯人口供来判断案件。如司法处冯书记员到东阳区，正遇该区刘家山刘具江和刘青山争吵，拉扯到该区合作社主任呼天佑有违法情事，冯即信以为真，返县即将呼调来县府，该区府来信证明呼无问题，而司法处未看信的内容，就以为证明有问题的信来了，便说：“更确实了，区府亦来了材料。”便将呼拘押。又如禹居区地主张凤台违法抽回了被分配土地，农民郭福六告发，裁判员仅根据地主一面之词解决问题，因而处理不当。二、不善于使用调解方式处理问题，而侧重于审判；东阳区一乡长因救济粮手续不清，本已由区上调解，但司法处又把该乡长调至县上审判，使他在县上住了十余天，花了廿多万餐费。审判方式也缺乏耐心的感化教育，爱拍桌子，发脾气。由于侧重审判及法律制裁，因而产生管押太多现象，如今年一月至九月判决民、刑事一百四十六件，有一百零九人被管押过。三、解决问题不迅速，曹延康因债务问题，禁闭已八月，尚未解决。

在检查会上，徐裁判员承认上述过错之处，作了自我批评，今后决定重新调查、重新证据、深入群众，运用民主方式解决问题，学习马锡武的调解精神。现已组成清理委员会，十天内从速处理未判决的案件。

1946 年 10 月 9 日，第 2 版

为人民事业而学习　党校三部热烈学习党章

努力地提高自己的觉悟程度和领会马克思列宁主义、毛泽东思想的基础。这是党章中规定党员义务的第一条，党校三部学员（都是带孩子学习的母亲同志），经一个多月学习“党员”一章后，对于上述义务有了更深刻的认识，思想上一些模糊观点已开始改变。首先是关于她们对学习的认识，大部分同志反省过去是“为了自己而学习”的，田英杰同志说：“以前认为学习是为了自己能吃的开，可以巩固和爱人的感情”。因此就产生了不正确的学习态度，“工作是公家的，学习是自家的”，韩文英同志也产生了工作与学习的矛盾和教条主义的学习方法。曾经作过速记工作的张明同志，过去“崇拜夸夸其谈，爱记那些抽象空洞的理论词句，而对边区的实际工作中的问题却不感兴趣，记的时候也感到困难”。对于党性和个性的关系，大部分同志过去认为是矛盾的，而且党性是限制个性的发展，苏茜同志说：“党分配我做会计工作，常觉得是限制了我的发展。”毕宝宜同志认为“个性是自由发展的，谁愿意干什么就干什么”。因此有的同志把个人和党的关系，也分开来看，甚至采取对立态度。王彬反省过去“在每一具体问题上总是把自己考虑得无微不至，常觉得和党有很长的距离”。尤其是带了孩子以后，更感到妨碍了个人的进步而悲观消极，苏茜同志常想：“我是来参加革命工作的，不是来抱孩子来过家庭妇女的生活”；陈永捷同志说：“生孩子以后，觉得国家大事有毛主席，生活小事有管理科长，自己就是带孩子好了。”她们厌倦于带孩子，做保育工作；不愿意当会计，作护士……认为这些不是革命工作中的专门业务，因而不安心工作，想改行。一个多月来，她们相互交谈，对照着文件一起讨论，她们揭露了并纠正了那些不正确的认识，现在她们了解到：“是为人民事业而学习。”她们下决心好好学习马列主义和毛泽东思想的基础。齐淑清同志说：“这是每个党员对人民不可推卸的一种职责。”因此出现了认真积极的学习态度，她们带着孩子，在深夜、在病中、怀着孕……抓紧着时间学习，她们认清了中国革命的长期性和艰苦性，和党的关系更加密切了。苏茜同志懂得了：

“只有那些为个人打算而破坏革命事业的非无产阶级的个性，才不能得到发展，作为一个共产党员，为了解放千百万群众的个性，那么他的个性便可以在党内无限制的发展起来。”王彬同志说：“党的前途也是个人的前途，小螺丝钉和发动机同等重要。”彭彬、田英杰等同志都检讨了过去从个人利益出发不服从组织的种种事实。苏茜同志说：“毛主席的思想方法，不但指出我们怎样工作和学习，而且也指出我们应该怎样生活。只要我们掌握这个思想方法，就会实事求是，从现实出发。”目前我们正处于和国内外反动派激烈的斗争中，应该把我们的一切集中到自卫战争上去。因此她们便安心地抚育着自己的革命后代。陈永捷同志说：“文件使我知道只有脚踏实地的做去，才不会产生内心的苦闷和矛盾。”陈子青和韩文英同志自动的担任托儿所的工作，并愿以保育事业作为终身事业，全心全意地去深入钻研，精通业务。

1946 年 10 月 24 日，第 1 版

我们怎样深入党章学习

学工处在学习自我批评部分时，号召大家与实际联系起来检讨，在全院广泛征求意见，发动各单位开检讨会发现问题，召开全院大会，负责同志首先自我检讨，并号召大家多提意见，把发现的问题（浪费、打架……）予以解决。

后来决定学一个问题就进行检讨，同时确定学“党员”“党的组织机构”“党的基层础组织”“奖励与处分”四章，并先复习自我批评，以《反自由主义》与《论党内斗争》为主要参考材料，在讨论会上大家开头仍是不热烈发言，但经过科长以身作则，自己反省，并对旁的同志提出意见后，会场马上变了个样子。我们才比较深刻的发现在干部的思想里存在着很多问题，例如，有的同志强调自己的“个性”，有的医生认为“慢性病一个月不诊断也不要紧”，有的护士想“调到别的机关去建立自己的威信”。总之，这一时间的成绩是发现和解决了一些重大问题，防止了不良倾向的继续发展，打破了一般干部自满的麻痹思想，经验是能发现问题必须是以首长的实际行动发扬民主和解决问题为基础。在总

结总纲学习中，我们发现了几种妨碍深入反省的偏向：一、不够主动，有些同志的反省，尚未超出旁的同志所提出的那圈子；二、负责的准备不够，会场上临时凑合的发言；三、说过好像就完事了，没有把反省出来的缺点，立即改正过来；四、先着重下级，着重旁人，不先着重领导、实干的自我检讨，不是实事求是，常常夸大了缺点，□□□□到优点。

学习“党员”部分时，我们决定以“党员”部分作为党章学习的中心，指定主要的参考材料是《怎样作一个共产党员》《共产党员的修养》《季米特洛夫论干部政策》与《论共产党》一四五——一五二页（四种材料干部全看，一般同志只看前两种）。

学完文件后，首先举行了两次漫谈，目的在于了解大家学习的深度和增加个人深刻反省的酝酿过程，在两次漫谈后，我们认为还不够成熟，就又进行了下列工作：（一）大会上指出前列妨碍深入反省的五种偏向；（二）根据“党员的义务”拟出详细反省的提纲，并给文化程度低的同志加以解释；（三）把一次大会，整个的作为一个处理问题的示范材料，指出它的成绩和缺点，并把××同志因个人主义恶劣发展的结果走向与组织对立作为个人检讨思想的示范教材；（四）着重现在一般的历史检讨，以抗战胜利后为限；（五）把报上学习的材料给大家阅读；（六）把在学习自我批评中反省深刻的认识错误的问题，给大家指出；（七）个人反省的顺序是由党内到党外，由上级到下级，最后再回到领导作风的检讨上，并由负责人带头反省，其他一般同志则是采取自动报名以激发大家的自觉性。并抓住中心问题，提出改进的意见。（于学工处）

1946 年 11 月 5 日，第 4 版

我为什么不愿在延安工作

李智盛

日本投降前，很多同志都向前方去了。而我呢？路经延安时就被留

下来工作，当时我炽烈的心情，好比浇上了一瓢凉水，于是就常常大发牢骚：说组织是不应该留下我来的，为什么几年前做过的工作，现在又叫我来做呢？难道学习了二三年，就没有一点进步吗？同时学习的又是军事，现在让我来做油印工作，我于是认为组织上分配与干部政策不对，叫我再做这技术工作，是埋没人材，大材小用。有时躺在床上睡不着，想也想不通，就感到没有什么前途了，于是工作安不下心去，不断地向组织上提意见，但组织上的答复是："工作需要，前后方一样，都是为人民服务。至于到前方谁也愿意去，但就不能以此出发，一切应从工作出发。假如都去了前方，后方的工作就不做了吗？工作没有兴趣，可以在工作中去找。"是的，哪里都是为人民服务，可是自己就没有在这方面去消想，相反的，从个人兴趣出发，（即从个人利益出发）因此个人利益与党的利益的矛盾日渐加深，很久都解决不了。虽然还在工作，可是自己觉得，这仅是组织上的服从，思想上并没有服从。结果技术没有提高，工作受了损失，出了许多岔子，学习又不踏实，致使自己停滞在不进步中。

经过学习党章，别人提出了不少的意见，说："在自己的思想里应该抛弃个人的得失，处处要为党为人民的利益打算，才是正确的工作态度"，同时又想到邹韬奋、陶行知他们是用什么态度对待工作的，他们认为工作中无所谓"大小"与"好坏"的分别，只有做出的成绩"大小"与"好坏"的分别。邹韬奋在他写的"经历"里说道："我自己做事是没有什么特长的，凡是担任了一件事，我总是要认真与负责……"我们是应该向他们学习的，而特别是我自己。

于是前途问题，我们都知道就是事业的成就与否。希望自己有前途，就必须在为人民事业上去找。一切从个人兴趣出发，是不会有什么前途的。我特别应该向推了八年油墨滚子的肖克生同志与刻了六七年钢板的陈展元同志学习，陈展元同志是称得上"钢板战士"的人，而且现在他还是在安心地工作着。我也准备在党所分配的工作中，埋头下去，五年、十年或更长的时间。

1946 年 11 月 12 日，第 4 版

要有革命事业心

震　洲

我们应该弄清，个人在整个革命事业中应该占和必须占的位置，必须和如何才能使自己活动的一支细流汇聚在大的革命事业的洪流中。一句话，要有坚定、健康的革命人生观。

过去经常回旋在我脑海中的一个问题是：做什么才能和自己的身份相称？什么工作才便于出风头？在哪些岗位上才能保持自己所谓“洋包子”的传统？诸如此类，无形中把自己的行动与组织的利益之间与革命事业的要求之间划了一道一时很难逾越的鸿沟。

比方说：“这个工作不适合我呀！我不是做这种事情的人。”“上级组织派我来做这个，你们为什么要我做那个呢?”（这是从提高自己的职位出发向组织提出意见的）固然在环境许可时，组织上决定一个人的工作会相当照顾到他的特殊情形，但就是一时没有照顾到，暂时地把你放在别的岗位上了，那对你又有什么大的损失呢？为什么萎靡和颓废而要求动用“不给你干了”来对待组织呢？这样想和这样做的人，事实上是没有真正地认识自己与组织的关系及个人在整个革命事业中应尽的职责，没有一个明确的“全心全意为人民服务”的革命的人生观。

党章学习明确地指明了这一点：如果我们没有一个革命的事业心，没有一个凡是对人民解放事业有利的事情都能干都敢干而且都乐于担当的事业心，那么要“从事业中来到事业中去，全心全意为人民服务”是做不好的。

如果我们弄情了而且正确处理了自己与革命事业之间的问题，在一定的革命岗位上又做好了一件或几件事情，那么才算有革命事业心。

1946 年 11 月 12 日，第 4 版

第二部分

查找思想漏洞
掌握工作方法

导　语

于细微之处见精神。这一部分共19篇文章，这些文章多是一些诸如遵守时间、制订计划，甚至写字要清楚等“很小”的事。有的同志对这些“小事”不以为然，认为其无关轻重。但我们细细想来，这些同志的看法则是错误的，例如，在生活中抱着“宁愿人等我，不愿我等人”的观念，白白浪费他人时间，对工作又以“差不多”“一部分”的模糊态度敷衍了事。毛泽东曾讲过：“粗枝大叶、自以为是的主观主义作风，就是党性不纯的第一个表现；而实事求是，理论与实际密切联系，则是一个党性坚强的党员的起码态度。”对共产党员来说，要锤炼党性，必须要从这一个个细节小事入手，彻底清除头脑中“削足适履”的主观主义错误思想，代之以“尽力为之，丝毫不苟”的严肃工作精神和白求恩大夫的“对革命负责的精神”，增强本领，提高工作效率，把自己担任的工作搞好。

本部分文章有一个共同的特点——“有的放矢”，即：在批评了干部思想和作风上的不良倾向之后，不仅有针对性的分析问题原因，更是提出了改正错误、改进工作的一系列方法。做好工作、完成任务必须要有科学管用的方法。毛泽东指出：“我们不但要提出任务，而且要解决完成任务的方法问题。……不解决方法问题，任务也只是瞎说一顿。”在本部分的文章中，有几篇是讲如何做好具体工作，例如，调查研究、统计数字、写工作报告、抓住中心工作等等，还有看文件改缺点、增强工作责任心、什么是“锻炼”等几篇改造自己思想的文章。

“没有调查就没有发言权。”这是毛泽东的名言，已为党员干部所熟知，而且也为全党同志努力践行着。但在具体研究工作中，仍然存在许多问题。例如，有的调查不是为了解决问题，而是为调查而调查，这种调查报告为“见其全面”，就写成了“一大本”，接着“放在箱子里”，最后就“没人理会了”。那如何做好调查研究呢？首先，要有“专门作调查研究的同志”，这样就能“有计划经常的去调查各种材料，研究各种材料”，从而“有系统”的提供材料。其次，“调查应从村做起，在工作中随时调查”，这样“既省人力，统计数字更可靠一些”。其三，调查要充分考虑基层实际，“多为下级干部设想”。在统计“数目字”的时候，应附上一个说明，写清如何统计，如何填。第四，领导干部要经常的检查工作，自上而下“一层一层的抓紧”，“用最大的时间去检查工作方法和思想作风”，这样得到的数目字“才是可靠的，才是有用的”。最后，调查还要和研究结合在一起，既要研究“总的情况”，更应“具体的估计一下”，而且还要“明确的研究出好坏的原因”，这样的工作“才算深入细致”。这才是一个真正好的调查与研究。

这些方法在今天看来或许“广为人知”、或许“难登大雅之堂”、或许“已经过时”。但是，这些方法背后所展现的延安时期中国共产党人质朴纯洁的思想作风、昂扬向上的精神状态，则是他们留给我们最宝贵的财富。

批评与建议：老生常谈

在延安，遵守时间的问题，过去在报章上也会曾很严重的提出过，可是，日子终于把人们的记忆冲淡了，本来事情是这么简单何必时刻用鞭子抽打着呢？谁个还不明！不过，同志们请看：近来，这现象不又是普遍的存在着吗？不论大会，小会，大家都好像不约而同的抱着“宁愿人等我，不愿我等人”的观点。于是，先到会的人看没有人，走了，后来的则是满不介意的摇着八字步。预定的时间便这样被拖延下去，没有个把钟头的耽搁，别想宣布开会。同志们，对于时间这样的浪费不觉得可惜吗？

我觉得克服的办法：A. 还需要大家都能够切实虚心的养成遵守时间的习惯，反对那吊儿郎当，稀稀拉拉的作风。B. 在延市附近应分区的设立标准钟，以便把时间统一起来。

仅仅提供两点小意见，借作引玉之砖。

1941 年 6 月 20 日，第 2 版

“差不多”、“一部分”

这回工作做的成绩怎么样？

“差不多！”

东区工作和西区工作的优劣怎么样？

“差不多！”

仓库收进粮食和支出粮食有无减耗和多余？

“差不多！”

你处雹打庄稼情形如何？

“有一部分！”

运盐的赚钱或赔本的情形如何？

“赚的有一部分，赔的也有一部分！”

干部学习情形如何？

“有一部分!”

“差不多”、“一部分”，这是我们工作同志口头上或书面上常用的话头。“差不多”，究竟差多少？是一百？还是一千？“一部分”，是一半？是三分之一或三分之二？讲的不明白，自以为讲明白了，答复了问题；听的不明白，也自以为问题就是这样。结果，下面呢？工作总是做了“一部分”或者做得“差不多”；上面呢？也总算有“差不多”或者“一部分”的领导成绩。等到经年累月，表皮包裹的疮毒发烂了，才惶惶然不知所措——“差不多”现出为差的太多；“一部分”现出为全无或者很少。

“差不多”“一部分”，在不身亲其事的旁人可以这样说。若亲自管那事，那就非“一五一十”，如指趾掌不可。许多乡的议员或村主任，问他所管辖区的事情，他可以一家家一件件地告诉你，或者怀里掏出小本子，举出他那里的小统计，一有问题，他能提出具体的解决办法。然而较上级工作人员，常常对所职掌茫茫然，不能举出实际数目字和实际情况，似乎了解似乎又不了解，雾里看人一样；这样的人又恰恰握着指导的权力。这不能不是很危险的事情。

人不能事事全晓，对于那不全晓的，只好答以“差不多”或“一部分”；但也不应该一事不晓，拿“差不多”“一部分”的哲学笼罩一切。特别对于亲自管理的事。你了解一项，我了解一项，合起来就是全知。在管事较多的同志，有意义有计划地抓住几件事深入一下，做周密的调查与分析，“触类旁通”，一件事精通了，其他也就不会很模糊。

没有实际问题的了解，不会有真正工作的改进。“差不多”“一部分”，应在我们的工作“词典”上删去。

1941 年 9 月 21 日，第 4 版

要有问题

在接受一个工作的时候：“你对这工作有何意见或觉得有什么困难吗?”“没有问题!”在工作做了一个时期以后：“你在工作里感到有何困难及意见吗?”“没有问题!”

"没有问题!"在分配工作不讲价钱上，或者该工作本来易于"胜任愉快"上，这是好的。但事情决不这样简单。初去做时，估计应该怎样布置？可能发生什么困难？或者是根据自己的经验必然会有些什么问题，而这些问题是否可用老办法来解决等，这都是事先必须考虑到的。及做了一些事，接触实际，发现了些什么？已做的得到什么结果，应该更怎样进行？将有很多以前没计到的问题发生着。

知道了这些问题，以为用不着谈，反正我是有把握应付出的，这叫"自以为是"不去"集思广益"，结果必然碰钉子。如果根本不想，不知道有问题。碰了问题，马虎过去；过去不了时，"到那山上唱那歌"，或者向上级报告一声了事。这是"盲干""乱闯"其失败、做不好、是必然的。

做工作，要用脑筋想，要先有计划；做的过程中又可能有新的发现要增加与变动计划，决不能是没有问题的。

"没有问题"，正是问题很多。

我们一定要有问题，才能有研究讨论，才能有进步。

1941 年 9 月 27 日，第 4 版

严肃的工作作风

有一篇纪念鲁迅先生的文章，说着这样一件小事：

鲁迅先生包一个纸包也要包的整整齐齐，常常把要寄出去的书，包得方方正正，用细线捆上，连一个角也不准歪一点或偏一点，线头都剪得整整齐齐。

从这些小地方就可以看出鲁迅先生严肃的工作精神。

我们的周围却充满了"粗枝大叶"，"马马虎虎"，什么事都但求"过得去"。写字吧，竖点乱七八糟，一个"在"字可以作"去""有""存"……几个认法，不管别人看不看得清，误事不误事。如调动工作的同志临走时，往往交不清工作记录、存物、账目；关于本部门工作的条件、情况和干部也多不讲清，致使后来的感到许多无谓的困难。总之，就是他没有做到自己能够和应该做到的程度，没有发挥他的最高能

力。我们所有的工作都是有关联的，一个人的事情没有做好，做彻底，往往牵连到许多人，使得工作效率降低。

所谓严肃的工作精神，就是“尽力为之，丝毫不苟”。当然决不能因矫枉过正而流于婆婆妈妈，啰嗦繁琐。

1941 年 10 月 28 日，第 4 版

“削足适履”

“不知足而为履，我知其不为蒉。”这是说做鞋子卖的人，没有量人们的脚，但也决不会做出像鞋子样的东西，他总是做出大大小小的鞋，来合人们大大小小的脚。然而又有句老话：“削足适履”，他不量人们的脚，只量自己的鞋，鞋的尺寸定了，你脚的尺寸不合，那是你的脚倒霉，削去一点好了。

边区财经处供给科见边区一级工作人员没有鞋子穿又买不起鞋，于是买些布叫各人自己做，大概是怕人们不会裁式浪费材料，于是都裁成一样的鞋面发给人，脚小的尚可将就，脚大的就苦煞了，不以鞋去就一定脚，却要脚来就一定的鞋。脚不可削，鞋得重做。结果还是浪费了公家。

主观主义就是这么一种东西。他不研究各种具体不同的客观，却要各种不同的客观来就他一定的主观，并且肯定说各种客观都和他“预定”的主观是一样。

“削足适履”，是主观主义最好的讽刺，也是主观主义发展的极端。

1941 年 11 月 5 日，第 4 版

多说不如少说

说话自由，不说话也应自由。

开什么纪念会或什么会开幕，照例到一些人，照例都要说话，时间拉得很长，说的大同小异。实则有些人不愿意说而强拉他说，说话成了“拉差”。当然，也有人喜欢说，似乎不说出就不舒服。这时就要顾到听

者了。说的自由，听得也应自由；不说自由，不听也应自由。开晚会，人们要的在看而不在听。说话过多，台下就报之以“唏”，台上“说的自由”，被台下“不听的自由”所拉倒。然而，在另一场合，台下人不愿听而又不得装着听，这就“颇为苦也。”

“说”与“听”，是统一的，说是为着听，要听的人愿意且容受得了。最好开会之先，有个布置，某人说什么，某人说什么，恰恰把会的意义说得完就够。如必不得已须要有些人出场，最好说的人把握时间，多则十分，少则五分。这样：会场情绪不会松懈；话出于说者的口，打入听者的心，得的印象必然很好。

1941 年 12 月 7 日，第 4 版

不安心工作的同志请想一想

编者同志：读了周而复同志的“诺尔曼·白求恩断片”和老雷同志的“医务工作者的反省”以后，我很受感动。我觉得对于一些不安心工作的人，这是很好的教育。比如，在我们工厂里，就有人不安心于工厂工作，想离开工厂去当干部。他认为“我是来革命的，做工应当没有我的分。”还有一些不愿意在工厂里工作的，却认为这样学不到技术，那样也学不到技术，向上级要求调班、调股，专门想钻马达、机器、氯酸钾等部分（有些已经调动了的，仍觉得学不到什么技术）而轻视红炉、炸弹等工作——其实这是目前革命战争中最需要的。

还有个别同志，甚至在还没有进工厂以前，就把他的工作日程排好，第一个月做什么，第二个月又去做什么，他认为学的种类越多越好——其实这是好高骛远、贪多嚼不烂。总之，他想在一年半年之内，把我们工厂的每一种技术都学一点，就很快的离开工厂。他们没有老工人的作风，也不肯向老工人学习，如像有的（大多数）从外边工厂到边区的工人，几年内专搞一门，像劳动英雄赵占魁同志搞翻砂，竟是二十余年之久。

像上面所说的这一些人（我们在冬训中，正努力使他们能改正），我想别处不见得完全没有，我们要学习白求恩就必须反对各业中“样样

都懂，样样不精”的人和单纯的技术观点。我希望所有的技术工作者，都应当把自己的技术和新民主主义的政治需要密切的结合起来，要能做到“革命需要什么就做什么，做什么就学什么”。

白大夫昭告我们的，也正是在自己的岗位上，如何能为革命多奉献一点——像他自己在病中还给伤员们看病一样，要学习这种对革命负责的精神，那些不实事求是、好高骛远，以及不顾革命需要，而单从个人利益与兴趣出发的同志们，在思想与行动上，都应该来一个好好的反省和改正。

1945年1月25日，第4版

我怎样要求调换工作的

徐　胜

我在革命队伍里，做勤务工作的时间也很久了。从一九三八年起，我曾做过勤务员、通讯员、助理护士；最近两年多，一直干的清洁员工作。

现在抗战胜利了，我的工作依然同原来一样。

因此我就向上级要求调换工作。第一次打报告，没有得到上级的允许；又连打第二次报告，加上口头提过数次，但问题依然没有解决。

于是我就有点懊恼；同时埋怨上级不给我解决问题，后来，经过同志们的劝说，我自己也想了许久，现在认为自己的想法是不对的，因为我的要求是客观条件所不允许——无人接替。同时自己的进步和能力还是很差，别的工作也实在作不了，并非上级不给我解决问题。

我更认识到：革命工作，没有地位大小高低的分别，而且每个革命的工作岗位都是不可缺少的。比如我现在的清洁员工作，看来简单，却是极其重要。没有这个工作，病号同志们的住处和用具不是会脏的不成样子麽？何况只要自己努力抓紧时间学习，不断提高自己，自己还是可以进步的。

我是个革命战士，我一定要服从上级的命令，同时还将自己任务切实认真的完成。抗战胜利了，革命发展了，我自己还不很有前途吗？就这样，我安心于现在的工作，而且越来越有劲了！

1945 年 11 月 25 日，第 4 版

自己要负责任

沈蕴敏

十月五号《解放日报》专刊上仲澜同志写的《消灭工作中的不负责现实》一文，对我的毛病说来，确实是一剂良药，可惜它出现的太晚，但能看到，也值得兴奋。

我到中印厂已经一年了，在技术上由于老同志的耐心帮助（尤其是冰寒同志），虽有一些进步，但屁股后面的毛病，仍然不少。在工作进程中，最大的障碍，就是这个“不负责”。

比如：在校样子的时候，我尽量的抄警句或者搞其他私人事情，致使每天的工作的质量和数量大大地减少，这不能不说是工作上的严重损失！但当同志们提出意见时，我就和仲澜同志说的一样，只是向提意见的人虚情假意的说句“负责”就算完事。同志们以后总会向我提意见，我也照样的向他们说“负责！”“负责！”自己想：这有什么了不起，反正说了就完事，说话又不费力气。以致错误的包袱，老是背在背上，不但一时放不下，而且渐渐地大起来，沉重起来。

对公家的书籍和用具，我是毫不爱惜的，结果弄坏了当同志们提出时，我就说：这不是我呀！我是非常“爱惜公物”的。自己发现报上有模糊不清的地方，就大发脾气：“他们真没有事业观点，印的这样糟糕，叫人家怎么看？”说的满像个样，可是自己小组上的报纸如果到我手里，它就算倒了霉，看过后不是撕破，就是揉得一塌糊涂，有时甚至丢掉，给组上同志们看报，增加了许多麻烦，总之，对别人所讲的事业观点，到自己头上就记不起来了。

在自己的思想上，正如仲澜同志所说的一样：不希望做得很好，不害怕做得很坏。假使同志们向我提许多观点，如：工作不负责，不爱惜

公物等，自己就把那一套惯用的对策拿出来：大家提的意见我“完全接受”呀！我对同志们的批评很“感谢”呀！今后一定“负责改正”呀！但这些引号里的（口头上的）“接受”“感谢”“负责改正”，只限于开会的那一刹那，过后，我的话被风吹跑了，毛病紧跟着又犯了。

我把仲澜同志这篇文章读了许多次，而且针对着自己的毛病，当文件一样的仔细研究了两三个自习的时间，今后我要：不说漂亮话，增进效率，把自己担任的工作搞好。

1946 年 11 月 8 日，第 4 版

指示要写清楚

据某同志在一个会议上讲，甘泉某一地区一件工作违反了原则的原因之一，是因为上级用复写纸写成的“指示”，写的太潦草，谁也认不清楚，阅者苦思推敲，猜不出究竟指示了些什么！

另外，还有一种“龙飞凤舞”式的笔法，也常常增加阅者的不少苦恼。

我们固然不能要求大家都写“工笔正楷”字，但起码要写的旁人能看得清楚。有些人以为“写字正或草是小事”，但却忘了小事常会影响大事。向上述甘泉发生的违反原则的事就是明证。

1945 年 1 月 16 日，第 2 版

应有经常的调查研究

编辑同志：

在边区有些工作上，产生了一种不正常的现象，这就是突袭调查，以及为调查而调查，我举吴旗的情形来说：

四二年十一月，分区派一个五个人组成的政策调查团到吴旗，花了四十天时间，调查了一个乡以研究。对这个材料上面是否加以研究，详情不清楚，但在县上却既未研究，也未见有什么具体的成效。

四三年三月间分区又派来三个人连同县上共是五个人，组成了金融

贸易调查组，又花了一个来月时间，调查了十余户的收入与消费情形，结果材料一带走又就完事了。县上连材料也没有给留下来。

七月间也是分区派来了两个人连同县上又组成了四个人的文教调查组，花了两个月时间，这次材料也是作了初步的研究的。

十月间分区又派来了两个人连同县上又组成一个五个人的调查组，也是花了两个月时间调查了一个乡的经济、军事、文化教育、民主团结，结果调查材料至今还搁着未加研究。

为什么会产生这种现象呢？主要的原因，是县上没有专门作调查研究的同志，不能有计划经常的去调查各种材料，研究各种材料，有系统的供给上面，以致上面需要材料时，只好派人下来突袭调查。

我觉得调查研究应当作为经常工作。每个县应当配合专门人员。这样有个好处：一、县上领导同志能及时了解各种工作具体情况，进行具体指导。二、能及时的向上级反映材料。

左仲平

编者话：文中反映的问题确值得注意。但所提意见，是否必需，或者尚有其他改进的办法，希有关方面加以研究讨论。

1945 年 1 月 27 日，第 2 版

怎样抓住中心工作

编者按：我们要做的工作很多，但必须在每一个时期，按照当地的具体需要，抓住一件最迫切最重要的工作，用主要的精力去做，这样才会把工作做好。平均使用力量，结果就会整天忙碌，工作量还做不好。《关中报》（二月二十六日）对此问题提出了一些意见，特为转载以供区乡同志们的参考。

现在工作复杂了，区乡干部就发生了一个共同的困难，就是抓不住中心工作，一发一转，啥来弄啥，比如雷庄乡在去年八月间，群众正忙着碾场种麦，却把修路、淘井、识字、纺织等十种工作一起布置下去。干部连夜跑路，一开会就黎明，群众很不满意，结果吃力不讨好。就是

因为没有抓住中心工作。

究竟什么才是中心工作呢？

第一，群众急着弄啥，啥就是中心。比如雷庄乡在去年八月群众急着碾场种麦，中心工作就应该是：组织群众快碾快种。

第二，如果把当前最重要的一个工作做好了，其他工作也就附带的做了，那么这就是中心工作。比如在春耕以前，只要把劳动力组织好，打柴、积粪、文教、社会公益事业等，都可以通过劳动组织去进行，那么这时组织劳动力就应该是中心。

第三，要看那个工作摆不下，那个工作能摆下，能摆到什么时候就不该再摆了？摆不下的工作，应该先做；能摆下的工作，应该后做；但是，摆到不能再摆的时候，就应该赶紧做。所以中心工作，是随时转换的。比如最近有些地方瘟疫很厉害，领导群众讲究卫生，进行防疫工作，这是不敢摆的，摆下就要多死人；这个地方的干部就要把它看成中心工作去做，其他组织劳动力等可以暂时缓一下。以后瘟疫扑灭了，马上就要动工镢地或开荒，这时组织劳动力的工作就不敢再摆了，再摆就要妨碍生产，所以这时春耕就变成中心工作了。

第四，要看上级的主要意思在那里，那个工作就是中心，比如今年的农业生产，上级机关经过研究，觉得主要应该推广植棉，进行深耕细作，那么植棉、改良农作法，就是领导农业生产的中心工作。另外，上级给下级布置工作，也要按下边的情形指出轻重缓急；不要件件平列，冷门子推下一大堆任务。如果上级指示的工作，按本地的实际情形来看，并不是中心工作，自己也顾不过来，可以暂时不做，但是要向上级报告一下。

1945 年 3 月 15 日，第 2 版

怎样统计数目字

编辑同志：

关于统计数目字问题，在各地区乡政府工作中，是相当重要的一项，同时也是最麻烦的一项，其中有很多问题，我想提出来和大家讨论

一下，对否还待研究：

区乡政府忙着统计数目字，但是为什么要统计数目字？很多同志还弄不清楚，把统计数目字当成一个很大的负担，上面催得紧了，就“估计估计”，搞出一个大概的数目字交上去，结果这种数目字变成一个空的形式，对上对下都没有好处。

我们一切工作，总有一个数，说组织锄草变工组吧，总要知道组织了几个组，好的几组，中等的几组，坏的几组，如果不知道这个数目，我们就不可能清清楚楚的了解到组织变工锄草的实际情况，所以统计数目字，就是为了使自己和上级知道实际情况，这是一个很重要的工作，我们应该很负责的细心的统计数目字，一定要努力使这些数目字很真实很正确。

统计重要的数目字，在统计表的“注明”或“备考”一项里，我认为一定要写明两点，第一，要写明这个统计的正确程度。是仔细统计的，还是忙着估计的？哪一村是哪一个干部统计的，他工作能度怎样？用什么方法统计的，是在会上一家一家问的，还是从正面又从侧面调查出来的？第二，要写明这个数目字的质量怎样。比如表上填的一百个变工组，就应该说明，好的多少组？中等的多少组？形式主义的多少组？我们认为应该这样真实的来统计数目字，如果在“备考”或“注明”一项里还说不清楚，还可以特别写一个解释来说明，附在这个统计表的反面，一同交给上级。如果不这样，你只在表上填组织了多少变工队，参加了多少人，上级看了，不知道你这个数目字可靠不可靠，也不知道这些变工组起不起作用。对上级有什么用处呢？如果你自己在统计的时候，自己也弄不清楚可不可靠和有没有作用，对你领导工作，又有什么好处呢？

为了要把统计数目字弄到真实和正确，我认为有下面几点应该注意：第一，统计工作应该让村上干部负责。乡上的干部要估计全乡是不可能的，只有村上干部负责统计各种数目字，才能得到很可靠的材料。村上干部要负责做这个工作，一个是思想教育，让他们认清这个工作的重要，另外一个是技术问题，因为村上干部绝大多数是不识字的，区乡干部要负责帮助他们发上一些表，教会他们一些最重要的字和数码子，或者和他们研究出一些代替的记号。比如要他统计他村上的札变工，可以教他认会“变”“札”“全”“半”四个字，他就可以记下几个变工小组，参加的全劳动多少，半劳动多少。如果他不能很快学会这四个字，可以用“△”代表变工，用“□”代表札工，一个整圆代表全劳力，一个半圆代表半劳力；不会写一二三的码子，可以点一点或者画一画来代替。我认为，只要区乡干部注意这个问题，下决心帮助村上干部，学会这一些字或者记号，不是不可能的。而且，这也是村干部文化学习的最实际的办法。

第二，有一些数目字，村乡区都应该建立起一些经常的统计制度，如关于人口增减的问题，每一个村长就应该有一个统计表，生了一个就加一个，死了一个就减一个；搬来一家，马上加上，搬走一家，也马上减去。免得每次问着的时候，村长再扳着指头一家一家的算。区乡干部到村上去工作，就可以随时记上增减的情形，一个月或者三个月乡上向区上报告一次，区上向县上报告一次，免得很多统计表上总有“人口”“户数”“男女”“大小”等数目字，填一次表问一次，很麻烦，也不可靠，究竟哪一些应该经常统计，每个区乡可以按照自己的实际情况来决定，不过，不要急，要根据村干部文化的提高程度来慢慢地做，一下要村长经常填几种表，是办不到的。

第三，上级要统计一个数目字的时候，要多为下级干部设想：时间是不是规定的短了？统计的内容是不是太复杂了？而且发下一个什么统计表，如果必要的话，还应该附上一个说明，应该如何统计，如何填。有些统计表上的项目，应该尽可能的减少一些或者简单一些，比如布置春耕时已经统计过户数人口劳动等，以后的检查表上，就不一定每次都要。比如在统计人口项内“小人”一项，就不用分男女。比如统计纺织一项上，就不必分成“纺多少花”和“放多少线”。我会见到一个都统计“纺多少花”和“纺多少线”，他原来只统计了“纺多少线”，看到还有“纺多少花”一项，他就按照“一斤一两花纺一斤线”来折算添上的，是不是都是要一两花得蚀耗呢？那就很难说了。还有，有一些统计，不必一区一区的分派下去的，县上发下来，区上查一查就行了，县上限定五天要，自己也不查看旧有的底子，照样向下一推，也马上限定五天要。很多乡干部感到统计太多，希望县上和区上仔细的研究一下，究竟今年上半年一共发下去过多少表，要下面统计过一些什么，是不是都是很必要的呢？是不是可以弄得简单一点呢？

第四，区里在检查工作的时候，对数目字抓的特别紧，但是对于检查工作方法、思想作风上，就注意不够，甚至把大家召集起来检查生产，只统计数目字就散会，这种会特别是在乡村上，是很常有的。我曾经想过，和一些乡上同志谈过，为什么会有这个倾向，这当然是乡级同志了解不够，但是上级对于要数目字那样抓得紧，对于工作方法和作风的检查就不够，我想这就是主要的原因。因此，希望县区同志注意这个问题，当你们看到一个数目字的时候，应该多向下级追问这个数目字怎样来的？你见到表上有一百个变工组，你就应该抓紧的问下去，怎样组织的？好的多少？形式的多少？怎样统计来的？一直问个清楚。县上和区的同志到村里去检查工作的时候，应该做一个榜样给下级看；应该用最大的时间去检查工作方法和思想作风，只有把这些检查出来了，得到的数目字才是可靠的，才是有用的。上面这样一层一层的抓紧，使区乡同志注意新的检查方法，这是很重要的。这不是一个统计数目字的问题，这也是领导作风的问题。

1945年7月25日，第2版

怎样写工作报告才能反映真实情况

季　委

编辑同志：

我看见区乡同志常常忙着给上级写工作报告，但是我们从很多工作报告中，看不出区乡工作的真实情况。这倒不是那些区乡同志不愿意把真实的情况报告给上级，而是他们在写工作报告的方式方法上，还有一些缺点，所以写出来的报告，不能反映真实情况。

比如，我看过一些工作报告，在开始喜欢这样写：“在某月某日，开干部会总结春耕工作，我们得到很多成绩，但仍然存在一些缺点。”有的是这样写：“从这次工作中，看出区乡干部在工作作风上都有转变，有的转变很好，有的还存在老一套的作风。”在这种帽子后面，提一个原则，举一个例子，什么“布置工作要深入细致”“发现缺点马上克服”“向下一推，向上一报”“强迫命令还有残余”等等。除了这些原则和例子以外，就是数目字和统计表。我觉得这样的工作报告，自然可以使上级了解到一些具体的问题，但是还是不容易了解到一个区乡的工作，究竟做的好坏；是好，不知好到什么程度；是坏，也不知道坏到什么程度。因为开头那个帽子还是不具体。比如说“得到很多成绩”，这个“很多”，是应该从比较来的，应该把“工作作风有不少转变”和“仍然存在着老一套的作风”来比较，究竟转变的干部多，还是老一套的干部多，究竟做得好的村庄多，还是做的不好的多，如果转变的多，做的好的多，才可以说“得到很多成绩”，而且应该明确的说：“我们得到很多成绩，大多数干部作风有了转变，大多数村庄的工作做得还好，没有转变的干部和做得不好的村庄，只是少数。”如果情形不是这样好，要差一点，也应该明确的说：“我们得到很多成绩，大多数干部作风在开始转变，没有转变的是很少数，转变的很好的，然也不多，但大多数在转变着，在有些工作上有好转变，所以一般的工作还做得可以，做得最好的和最坏的都不多。”如果转变的很少，做得好的很少，也应该明确的说：“我们这里只有少数干部工作作风有转变，工作做得好的村庄不多，大部分干部仍然是没有转变，大多数村庄的工作做得不算好。”我认为写工作报告的帽子，应该这样明确的把总的情况说出来。

说出总的情况以后，我认为应更具体的估计一下，比如说：转变的最好的有多少？开始转变的有多少？完全没转变的有多少？这种估计，是很必要的，如果一个领导干部，在整个春耕工作中，不能大概看出自己的干部那些转变了，那些没转变，这个领导是不深入的，这个检查总结也是不细致的。有了这个估计，可以使自己明明白白的看出本区乡的工作，究竟好坏如何，免得模模糊糊的工作下去。

我认为做出这个估计以后，工作报告还应说明原因，如果大部分转变了，是什么原因？在转变工作作风问题上有什么特点？在领导检查教育干部上有什么特点？这个地方的环境和干部的情况有什么特点？那些还没有转变的，是什么原因？如果是大部分没转变，也应该研究出原因，这里的环境和干部原来的情况怎样？在转变工作作风上有什么缺点？在工作制度和人事配备上有什么缺点？那几个转变好了的干部又是什么道理？我认为只有明确的研究出好坏的原因，这次总结工作才算深入细致，才能使以后的工作做得最好，或者从不好变好，上级看了这个样的报告，也才能明确的了解你这地区工作的真实情形。

对于报告上举出的好坏例子，我认为应该说明白，是最好的例子还是平常的例子？是最坏的例子还是平常坏的例子？如果是特别好、坏的例子，就要说明这种情况是个别的，不是一般的。免得上级看了你这个好例子就以为你这里的工作都像这样好，也免得看了这个坏例子，就以为你这里工作都是这样坏。

我觉得写工作报告，应该这样切切实实的写清楚，才能使上级从我们的报告中看出真实情况来，而且，这种写工作报告的方式方法，怕和总结工作的方式方法有很大关系，就是说，因为没有这样切切实实的总结工作，写工作报告的人也不可能这样写的切切实实的。

同时，我还看到一些县上的工作报告和报上一些带总结性的文章，也有前述那种格式的写法，我觉得都是值得我们注意的，在这里顺便提出来和大家研究。

1945 年 8 月 4 日，第 2 版

写工作报告时不要追求和捏造数目字

寇来宝

编辑同志：

我看二六二期群众报上，登着于琏同志写的《怎样写工作报告才能反映真实情况》这篇文章，很同意他的意见，因为我看有些区乡干部，做工作不检查和总结，写报告追求数目字，或者不知道真实情况，就大概估计一下，甚至完全捏造。比如：环县洪德区三乡干部，大家分工把春耕工作检查了一下，没汇报和总结，上级要报告，文书着了急，就拿着表随便填了一些数目字。我问他：“怎么知道这些数目字呢?”他说：“四村报了多少荞麦，豌豆等，我大概估计的。”我说：“大概根据什么

估计的?”他说：“四村那一家我不清楚!”我就细细问了一下，把他问的瞪起眼来，像这样敷衍行事，应付上级的态度是多么不对呀！为了纠正这种偏向，除在思想上对区乡干部加强教育外，还应该告诉他们，写工作报告首先要做到真实。

1945 年 9 月 19 日，第 2 版

打开脑筋

打开脑筋，不作思想上的懒汉，这句话流行了几年，常有人说：“这是不用思想的结果，今后要用思想呀!”至于如何用思想，却很少有人谈过的。有的同志说：用思想不是坐着想什么就可以想出什么来的，不仅想不出什么东西，而且是一件苦事，脑子里什么都没有，想什么呢？只好想入非非了。这不是笑话，却是实际的经验谈。

“不想事”是句贬词，但对“想”字，替它指出了一条路，“想”不是“空想”什么，而是“想事”。看起来很简单，做起来就不容易。毛主席解释实事求是四个字，正是用思想的方向。

问题还不止此就完了，有些同志不是不想事，而是不会想事，至于如何帮助这样的同志，我也无成熟意见。不怕粗陋，缕陈三点。

第一是帮助总结工作。有的同志认为工作完了，就认为无事了，因此也就不想了，这时就要他总结工作，他把所做的事，指出明确的是非来，首先要作工作的同志自己搞。有不对的，也要与他共同商量，他明白以后再修改，反复许多次，他就会想事了。

第二用思想不能代替，要自己会用才顶事。指导只能激发，钻研才能化为己有。自己无法着手时，多问别人，别人的意见，自然不是金科玉律，把许多人的意见集中起来，加以比较研究，又细心考察事物，慢慢地就觉得思想灵起来，会想事了。

第三要会想事，常识也是不可缺的，所谓见多识广，否则思想会狭隘，认真学习就很有必要了，主要看别人怎样想事，怎样解决问题的，如果从这方面留心，对自己的工作，就不会一团漆黑，而有些一得之见了。

1946 年 10 月 17 日，第 4 版

调查研究

胡其谦

干部中不会说调查研究的，恐怕是没有的，有的为调查而调查，调查不是为了解决问题，而是为了怕人说他主观主义，因此调查就要包罗万象，以见其全面，写成报告一大本，可是放在箱子里没人理会了。研究也是常有的，只是参加会议的人，讲一些意见，就算研究了，有的事这样研究一番，可能就对了，有的事这样研究，并不能认识清楚，容易发生错误，因为研究太简单，简单研究的毛病有二：一是背诵指示，也叫研究，这里不讲；二是不研究工作本身，只研究执行工作的办法，我们有些工作常闹“费力不讨好”，十之八九都是这个原因。

如发展妇纺，研究发展的方法是必要的，但对妇纺本身需要全面的研究就更必要了。所谓全面，据我现在的了解有：棉花供应、弹花机、交通、工资、织布机、纺车、纺妇、技术、物价、组织方法等，由于地区不同，有的自然可以不计入，在毫无纺织基础的地区，这些都应在研究之列，彼此的关系都找出来，才会保证任务不致徒劳无功。

我们怎么做的呢？首先强调发展纺车，结果有纺车了没有人纺织，接着强调妇幼，又造成有纺妇没有棉花，棉花又发生供不应求，交通不便之虑，根本纺不上花，纺成棉的因质量不好织不成布，或没有技术工人，有的因为工资高织成布后，成本太高，最后结果是垮台。垮台的原因，自然日本投降物资狂跌是主要的，虽我们对这一工作缺乏细密的研究与一系列的具体办法，也不能不是垮台的原因之一。所谓研究执行方法，就是谁是积极分子，他起模范作用，推动群众大家来做，方法是正确的，但决定工作成败的，不完全是方法，还有事物本身的各种条件。对工作不细密与缺乏深入调查研究，我们的工作就难免主观主义的毛病。

1946 年 10 月 20 日，第 4 版

看文件改缺点

我早就有这样的想法：到农村中去工作；因为我出身于农民，容易给农民办事。今春，组织上调我离开学校到农村中去工作，我心中十分高兴。但是当我接受了新分配的工作是文书以后，有好几天闷闷不乐，这是个麻烦且琐碎工作。我以前也没有做过所以这个工作不适合我。我做不好，也不想努力去做，凡有了工作总是拖拖拉拉的。

那么，“什么工作适合我呢?”我矛盾着。后来，我想找些文件来看看，即是解决不了我自己的具体问题，反正开卷总有益。当读到刘少奇同志的“党厌恶那些轻视切实而具体的革命工作，总觉得他们不是做这种‘麻烦琐碎事情’的人。”我读完以后，反复细微的想了好几次，自己的毛病是“总觉得似乎在某些神秘的地方存在着一种神通广大的，足使他们扬名后世的，抽象的一般的并不麻烦的什么革命工作。”一句话，是一种玄妙的不实际的幻想。我确认这种错误出现在我思想里头的时候，已经到五月了。以后几个负责同志耐心地劝告我：“不要怕麻烦，不要怕工作生疏，好好去学，慢慢就会做了。”所以，近来我的工作就安心愉快了。

我现在觉得，也许这是一点微小的经验，就是自己思想上有了疑难，或不正确的倾向时，找文件来看，文件这时就会变成一个活的力量，给你增强正确思想、正确看问题的力量。

1946 年 10 月 22 日，第 4 版

什么是“锻炼”

在党章学习的漫谈中，体现了自己过去对“锻炼”有很多不正确的认识。例如，有时认为自己的工作（教员）太平淡，不容易进步，为了“锻炼一下”，要求调换工作。有时接受某种新的工作，表示信心不足，说：“没有经过这个锻炼”。

这些认识为什么不正确呢?

第一，锻炼是会有的，在任何革命工作中都可以得到锻炼，固然在“最紧张最复杂最尖锐”的斗争中能得到锻炼，而且只要是有群众的地方都可以锻炼群众观点，只要是有组织的地方都可以锻炼组织观念，——而且锻炼是经常的，做一天革命的工作就会锻炼一天，做到老，锻炼到老，并不是“一下”就可以锻炼好，锻炼成的。

第二，在工作中才是好的锻炼，并不是先锻炼好了再去工作。同时由于各种革命工作有共同性，所得到的锻炼也有共同性。在一件或一种工作中得到了锻炼，可以成为在别件或别种工作中受锻炼的基础，一件或一个工作真的做好了，思想方法得到了好的锻炼，去做其他工作也容易做得好。

第三，锻炼必须是主动的。在同样的工作、同样的时间里，主动性强的就锻炼得好，主动性差的就锻炼的差。如果不经常而深入地调查研究，检讨总结，向实际向群众学习，吸收充实，克服困难，即使工作时间长，锻炼也不见得好；反之，虽然时间很短，也可以得到很好的锻炼。所以进步有快慢，有大小，后者可以居上，“老资格”是摆不得的。

1946 年 11 月 12 日，第 4 版

第三部分

做好自我批评
提升工作效力

导　语

《论语》讲："吾日三省吾身：为人谋而不忠乎？与朋友交而不信乎？传不习乎？"这就是要求我们每个人要从各个方面来解剖自己、分析自己，随时检查自己的思想和言行有无不妥之处。对古人来说要成为"圣贤"要自省慎独，对共产党员来说，要成为无产阶级的先锋战士就更要进行严格的批评和自我批评，刘少奇在《做一个好的党员，建设一个好的党》中，提出了共产党员要每天剖析自己的四个"问题"，即："你为了党的利益、党的发展与胜利，曾经尽了你何种努力？你预备怎样在今后来尽你的努力？你是否曾经有过违反党的利益之思想、言论与行动？怎样才能在今后不会再有违反党的利益之思想、言论与行动？"提出这四个问题并做出实事求是地回答，则是每个党员"使自己进步的出发点"。每个党员自我批评的动力，既有来自渴望成功、永不满足、追求完美的一般性社会心理动因，更源自共产党人先进性和纯洁性中所孕育的彻底地自我批判精神。

延安时期，很多干部面临着这样的一个难题"用了很大的力量，想为群众办好事，但有时候所得到的结果，不是群众称赞，相反的却使他们不满"，这个难题在今天也困扰着很多干部。导致这一问题的原因在于我们很多干部做工作只是从主观愿望和计划出发，缺乏具体的调查研究，工作方式简单化、不用脑子想问题，不会给群众做说服解释工作。要解决这一问题，需要干部进行严肃认真的自我批评，这在当时并不是一件很容易的事。对党员干部来说，首先要有敢于自我解剖的政治勇气，必须了解自我批评的目的是"为了求得自己进步即改进工作，从而更好的为老百姓做事"，同时，也离不开上级同志和身边同志的真诚帮助。同志们的帮助是十分必要的，集体的思想、政治上的教育、反省检讨，同志们相互的批评，都会启发个人的深刻反省，特别是上级领导的自我批评，对于启发、教育下级则更为直接，“区长反省的彻底、诚恳，感动了大家”，“区上干部都反省的那样彻底，咱们也要很好的揭发自己的毛病。”通过干部的自我批评，特别是面向群众做自我批评，使许多干部牢固了群众观点、深化了群众感情、密切了党群关系，干部作风有了很大改变，群众称赞道：“我们的村主任现在脑子大转变了！”同时，许多干部也通过自我批评掌握了新的工作方法，即：经过自己的带头作用，做好典型示范，通过耐心细致的宣传解释，启发群众觉悟，从而将我们党的政策变为群众“自觉自愿”行动的方法，推动工作。

我要克服打骂群众的毛病

高学文

编者按：此文转载于《关中报》二五六期。高学文同志是淳耀三区区长，他这种自我反省的精神与改正错误的勇气，正是他力求进步与真正忠心为群众服务的表现。

我在工作中，对于有错误的群众，不能耐心说话，时常开口骂人，动手打人。这种毛病，从土地革命时就常犯哩。今年到三区工作，打的人更多，村长魏老八贪污了公盐代金，本来应该耐心的教育他，我却把他打了一顿。孟宪章在运粪时，把徐同财的马跌死了，不愿意赔，本来应该用教育调解的办法，只要两家情愿就对了：但我却用皮带打了孟宪章。

这些错误给群众一种很坏的印象，对工作妨害很大，群众当面就对我说："你的脾气瞎得很。"其实还不光脾气瞎，我没有从爱护群众的立场出发，忘记了自己从土地革命干到现在，究竟是为了谁？还都不是为了群众吗？我过去还想：好人不该打，还能不打坏人吗？因此，就用打骂代替了教育，这种思想是非常错误的。

今天张德生同志到淳耀检查工作时，曾经严厉地批评了我。跟着《关中报》二四一期也登出来了。我把这条消息一连看了三四遍，起初我很难过。但是经过这种教育，我开始从思想上想通了，我暗地里怨恨自己，和自己这种脱离群众的思想行为作斗争。最近，我按张德生同志的指示，去向打过的五个人赔了罪。在一乡状元沟孟宪章赔罪时，他还不理我，但我下了决心，红着脸皮，耐心的给他赔不是，以后，他终究是开了口，表示：没有意见，已经过去的事了，就算了。当时天下雨，他怕把我滑倒了，还送给我一根棍叫拿上。南卢村的赫宣亮，过去从没让我吃过饭，这次我向他赔了罪，他非留我吃一顿饭食不可。最近有许多干部和群众都对我说："你现在的脾气好了，再不像以前那样；见了你就害怕?”我亲身感觉到：公开在群众面前承认错误，对我们没有一点损失，还会加强我们同群众的联系。

我以后要好好改造思想，绝不打骂人，希望三区群众监督我，帮助我进步。

1944 年 11 月 20 日，第 2 版

镇原干部进行学习后，处罚群众现象减少

学习了刘子久同志给淮北区党委的信及“前线”以后，镇原县、区两级干部的工作作风已开始转变。县委宣传部为了使这两个文件的学习真正能够达到改进工作的目的，上月初，曾召集全体县级干部及各区区长区书开了一个星期的座谈会，会上启发每人自动反省，而孟壩区区长黎明及马渠区区书徐子鸿，却被作为两个坏的典型来进行研究。孟壩区区长黎明自以为参加过土地革命而自高自大，目空一切。他一到区上便向所有干部发牢骚，别人因顾忌他是“老革命”而不敢批评他。以后这种情况更助长了他的错误思想，任意处罚群众、污辱群众的事件不断发生。如今年该区四乡的徐从良从友区带来了两个土布没有上税，而黎明则将布匹没收，另外还处罚徐从良给区政府做了两张桌子，两张椅子。县上提倡全部干部生活朴素化，而黎明则未经他人同意，即动用公款买马买枪，以便下乡时显示自己的“威风”，因此孟壩三乡谭海清说：“镇原县干部的名誉都叫黎明一人败坏了!”马渠区区委书记也是自高自大的一个，他因为过去土地革命的时候做过县委宣传部长，因而现在对区委的工作看得非常清淡，工作不深入、不切实，曾有向上级虚报数字的现象。其次他挑拨干部中间的关系以提高自己的地位，有一次他看到区助理员白守才工作很顺利，于是便向白守才捏造说上级对白不满，因而使得白守才好久不安心工作。学习讨论会上对于这两个典型的例子进行了严厉的批评，徐子鸿当场承认错误，并表示今后改过，而黎明则由于不虚心，受到革职的处分。这个会议开过后，干部工作作风上一个明显的转变，就是各区处罚群众的现象减少了，因而增进了政府与群众的感情，如现在孟区府已不再轻易处问一个群众，即处于不得已时亦先征求

上级的同意。柳州区区级干部当发现了该区六乡乡长牛天顺随便绑人的时候，亲自找上门去严厉制止，这是一个鲜明的进步。

1944 年 12 月 17 日，第 2 版

延长去年县上部分下乡干部，望着群众牛死去也不管，仍去作空洞的卫生调查

本县冬训班于党务部学习末尾，展开领导作风的讨论。三区区委书记反省道："去年决定创造三区三乡为模范乡（条件较合适），乡长告诉我这个决定"，并说："要搞好，取得经验。"我就根据决定，给曹永宁谈："你去好好搞，一点一点都搞好。"但究竟怎样搞？自己不去研究，只觉得派两个强的干部去，就一定能搞好。该乡干部自然更不了解。又征粮试办经验总结后，发到各乡时，公粮已在入仓了，就有好经验也用不上。县上四个同志说，去年县上派了二十多个人到四乡调查，很少给四乡工作以帮助，反引起群众"麻烦"的感觉，调查的人对当时任务不了解，不懂的调查方法，只说是了解情况。订了一个大提纲，要了解一九三五年以来其中四年的经济、政治等情形。（有一个同志没有听清，甚至一直问了十年）每一年都要问，种多少糜、谷、麦、豆？有几张锄、镢、镰？以及土地、牲畜、人口费用、牲畜死亡等。有些老百姓说不出，干部还责备他们不了解、怕负担、不敢说。在孙吉屯，部分干部看着一个老百姓的牛死去置之不理，却去做空洞的卫生及其他调查。这也说明本县业务政策的学习甚差，脱离群众的现象不少。

1945 年 2 月 1 日，第 2 版

神府六区干部会议，检查干部工作作风

六乡乡长反省，过去只知道完成上级任务，执行有困难，就强迫命令。

目前神府六区区长干部会议上，检讨了干部作风。会中热烈的展开

了自我批评。六区乡长反省自己过去做工作只知道为上级做，上级的指示下来，在群众中执行有困难，就下命令，用强迫方式也要完成。如一九四四年春天上级要求组织百分之二十五的变工队，自己首先没信心，但是没信心也不得不回来发动。于是向群众说："不变也得变，非变不可。"结果组织起来了，向上级报告完成了任务，但实际上都未变。一直到去年夏天，自己看到变工不错，才切切实实在武家湾组织了五个人的变工小组，大家很起劲，地比旁人都多锄一次，还集体给人家打短工赚了四斗多谷米，解决了夏锄时的粮食问题。对上级的领导，他也提出意见："过去上级每次检查工作，就是硬逼要统计表，要数目字；乡干部文化水平低，最急的就是填表。这次征粮工作，下乡共二十多天，又要填九种调查表，所以大部分时候都用来填表，没有完全把精力放在征粮上。同时，过去有许多表，实在叫人难填。比如有一次发下的'死亡表'（系指牲畜死亡统计表），问老百姓，人家讨厌，所以我拿回来，不管三七二十一填上个数目就算了。"

1945 年 2 月 12 日，第 2 版

负责人带头鼓励大家讲话绥德分区各机关检讨工作作风

习仲勋同志在高干会报告后，分区各机关即展开讨论。二月四日，地委宣传部召集各机关负责同志汇报七天来的学习情形，专区杨副专员号召大家联系业务、反省自己、批评旁人。他指出去年上半年的公文多，每天超过两个，临时的补充也多。三科反省到去年检查少，因求数量，文教组织多流于形式。地委机关：宣传部在华生同志的鼓励下，同志们对宣传部领导都提了意见，可分作三种：一、去年工作中有某些不切合实际（如在职干部的学习），二、领导作风上的老一套问题，三、目前尚未解决的一些原则问题（如文工团的创作问题）；秘书科做事务工作的检查，提出制度不够健全，事务秘书和管理员的工作不能协调，对杂务人员教育不够（如教员不了解情况，讲毛主席的"十五任务"照

原文解释，不能联系业务，时间也抓得不紧），地委存在着浪费现象等等；组织部的漫谈会上，开始对工作同志提出批评。治民同志提出把地委的指示、命令，历史上的东西加以检查，应做到：一、全面的检查，那几件是成功了，那几件失败了。二、检查我们所处理的工作（如提拔干部，发展党员等）中存在什么缺点。银行的讨论情绪很高，大家认为过去银行的领导上批评多，帮助少。在汇报上，仲勋同志指出开会时间的长短，要看启发和准备的程度如何来决定，不是够时间了就停止讨论。

1945 年 2 月 19 日，第 2 版

朱富荣乡长的工作作风

朱富荣是淳耀白□乡的乡长兼乡书，在一九四〇年民主政权建立时，群众选他当了乡长。开始他不愿意担任（因家里没有劳动力），对工作有些应付的态度，以后区上常常派人帮助，说明共产党员要给老百姓办事，这才使他明亮了一点，一九四一年和四二年前半年，他还是常想把工作赶紧做完，好回家去。自一九四二年后半年起，工作多了，征粮、减租、优抗、选举、冬学都来了，区上又抓的很紧，几个月就没有回家。这时他打烂了帐：“随她娘儿们过活去，过好吃好，过瞎吃瞎。”前年正月看看实在不行了，就给家里雇了一个娃。去年他又在县上参加了整风会，又看到一个村主任当了劳动英雄，很光荣，于是他想：“我是乡长，为什么还不如一个村主任呢？既不如他，以后又怎么去领导他工作呢？”从此他就下决心不回家，专心做好工作。果真，白□乡的工作做得很好，而朱富荣同志就成为关中分区的模范乡长与支书。

以身作则

当去年春天组织劳动力时，朱富荣同志经过党内的动员和群众中的耐心说服，把全乡百分之九十以上的人力和畜力，组织成十二个班子、三十一个搭工组。不仅如此，他还亲自轮流参加到各个班子和搭工组中去挖地。这种领导方法的好处是：第一，刺激了群众情绪，老百姓说：“乡长都参加班子了，咱们老百姓还能不参加吗？乡长挖地都那样起劲，

咱们老百姓还能不努力干吗?”第二，可以深刻了解班子和搭工组的情形，发现了问题能够随时解决，巩固劳动组织；相机发动具体竞赛，提高生产效率。第三，团结群众，并从生产运动中发现群众中的积极分子。第四，在组织生产的过程中，乡政府的生产任务也随着完成了。由于朱富荣同志的领导结果，全乡共计节省了一万两千个人工（因班子是赚钱的，故只限于搭工组的统计），全乡搭工组员一百四十六人，平均每人多收得两石多细粮。

能解决实际问题

在朱富荣同志领导下的支干会能够实际解决问题，开展工作。如去年八月七日的支干会，主要是解决纺织问题。当时本乡和临区都没棉花，必须去外面买，群众中的车子、机子不够用，必须添置；还有很多人甚至干部党员家属，没有参加纺织。根据这些问题展开了讨论。结果确定姜文方负责买棉花，因他在外面有亲戚朋友的关系；合作社主任阮本有负责找木匠做车子、机子，干部和党员首先做影响群众；赵志礼对纺织有经验，负责检查和指导。这次支干会，不仅支部干事参加，而且请对纺织有经验的赵志礼和有关系的阮本有、姜文方等同志参加，因此讨论得具体，分工明确，执行起来迅速有效。

会议以后，朱同志就以具体的事实向群众宣传，他指着自己的衣服说：“我这上身是自家织的布，穿了一年还是好好地，下身是从外面买来的布，不到半年就穿破了。”因为他们各自布置的好，检查得经常，宣传得具体，又有有经验的人指导，因此全乡有五十多名纺妇发展到一百廿七名。九个月共织布七百四十九丈，尚存有可织四百六十八丈布的线子。再加上正好纺织的冬三个月，又多了七十多名纺妇，因此估计全年最低可织布两千四百五十丈。全乡八百零几人，平均每人有三丈布，据当地群众说，大口小口平均每人有三丈布，补旧缝新也就够穿了。所以现在的白□乡，是做到了自纺自织自穿。

每天写日记

朱富荣同志每天都记日记，今天做了什么，明天要做什么，都简单扼要地记上。从他的日记中，可以看出他每天是怎样工作着：

九月廿日：昨天在区上开征粮总结与布置文教工作会。今天下午回来，路过寺村，就给三村主任和村长写了通知，到乡政府又给一、二村写了通知，要他们明天来开会。晚上，因为黄教员要到县上去，就到夜校给大家讲话，要大家另选一个校长。以后就在学校开支干会（白塬村的小组会在一起），给到会的党员都订了识字本。

廿五日：早饭后和合作社主任阮本有，拿着秤在白塬村沿家检查纺织。到吃中饭时，只有一村及状元沟的村长来了，就给个别布置了识字、卫生和纺织工作。午饭后代替黄教员，给妇女午校上课了。接着去收芋叶子，收了六担。晚上和一、二村主任谈工作。

廿六日：到寺村，先给党的小组长打招呼，再召集党员开会，一面趁空给潭村长布置文教与纺织工作。谈过后，党员来了就开会，讨论党员参加夜校和宣传自己的老婆积极纺织，党员都讲了话。会后就到庙里检查了夜校。晚上回到乡上，接到《关中报》，先把二、四、六期的社论看了一遍，有关纺织的问题，准备明天给合作社的同志谈。

廿七日：早上给合作社的同志读报，叫大家讨论一下白塬村的纺织，大家讲了很多具体办法，早饭后才散会。上午趁下雨机会，在白塬村督促群众开窗子。做中饭时，一面烙馍，一面看“调解为主审判为辅”一文。晚上给《关中报》写稿子：“白塬村的卫生”。

廿八日：早上抄好昨晚写的稿子，发出后，自己做饭吃。饭后冒雨到先头开小组会，在赵治里牛窑里候人，就看《关中报》，党员来了就开会，布置党员识字。会后到现头□村，趁下雨大家闲着，把班子的人叫来，商量夜校扩大和解决灯油问题，最后把纺织情形也问了一下，又向大家宣传麦地里种苜蓿。

廿九日：早上在严家岭开会成立夜校，报名的十二个人，由村长负责，选举□民王季礼当教员。中午淋雨回乡政府，看了一阵群众报。晚上订乡政府的生产计划，今年办公伙食全自给了，粮食够吃十个月，明年除衣服外，可以全部自给。

三十日：早上大雨，就在乡政府看报。中午刘狗娃告刘三奎不给他饭吃，我便把刘三奎叫来，给他们说和调解。下午到前梨园成立夜校，先找杨德才、李小山谈了，有五个男人已开始认识字，我又和杨商量要给他这五个人也教，灯油大家凑。当时又把纺织检查了，五个妇女纺了六斤多线。晚上住在本村。

十月一日（中秋下雨）：早上路过中梨园，村里人都去埋人了，又到梨家园河问了识字的情形。早饭后和吴村长谈纺织、种麦等工作，趁空又把家庭的种麦、秋收安置了一下。下午就到马家□，找村长和一些群众谈识字，有五个人愿意，但没人教，就给群众读了一下纺织。晚上赶到寺村，村长把女人戳了一剪子，我就把村长叫到临家批评了一次，跟随大家到夜校，帮助何教员教大家识字。

二日：回到乡政府，和调查组同志谈工作，吃罢饭后，种了一分地的葱。午饭后到午学给妇女教了几个字，回来把各村的材料整理了一下，明天给区上作报告。

三日：早上与调查组谈材料，饭后给区上写报告，调查组同志帮我把错字改了，又抄了一份。写好后区上送来报纸，看了一阵，又去收芋叶。午后帮助妇女主任开会，检查白□村妇女的纺织识字工作，又给教了一些字。

总的特点

仅从上面的几件具体的事实看，朱富荣的工作作风，明显的表现着以下特点。

第一，工作不铺张：没有形式主义，更没有强迫命令，不管进行什么工作，总是经过个别的解释去说服群众，经过大小会议的宣传去教育群众，使群众自愿的参加各种建设工作。在工作过程中能倾听群众的意见，与群众不利的事就立即改正。有一次合作社买回来的棉花弹得很坏，纺妇提出意见，他就立即要合作社收回重弹，他怕合作社的同志不满，就说："这件事情应该听取群众的意见，因为花弹不好，工作也没了，也纺不出好线，对公家也不好；花弹好了，能纺好线，又能提高纺妇的情绪，对咱边区有很大的好处。"他不仅善于倾听群众的意见，而且善于团结干部与群众中的积极分子，帮助他们的工作，如赵志和工作办法少，就耐心的教育他，说：你婆娘纺织是最积极的一个，你婆娘纺织的情形，就是宣传群众，推动群众进行纺织的好榜样。春季寺村发现了谭长学、李秀英两个积极分子，就把谭提升为村长，把不能给群众办事的旧村长改选了。帮助李秀英订生产计划，鼓励当纺织组长，这样一来，把落后的寺村变成了先进的寺村。把白□村的姚金凤培养得很能干，当了妇女主任，又是纺织组长和妇女锄草班子的包头，最近又帮助接生训练班工作，非常热心。全乡有十六个党员，十四个都担任了工作，且很积极。对各村主任的工作，总是采取商量的态度。他的工作不仅有计划布置，而且有经常的检查督促。办事又是以身作则，推动影响别人，老老实实，不说空话。特别是他的工作，不要区上督促，能够自动进行，且经常给区上作报告，真实的反映情况，毫无夸张之处。

第二，工作抓得紧。每天起床很早，成天都在工作学习或生产。从他的日记中可以看到他的生活是十分紧张。每到一村，不是布置工作就是检查工作，找村主任、村长、党员或群众谈话。他不仅工作紧张，学习也不放弃，他常这样说："如今老百姓学习跑到我们干部头上了，咱们干部可不敢落后！"他每天写日记，到各村工作都随时记下来。身边带着《关中报》与《群众报》，自己看又给群众读，常给《关中报》写稿子。四年以来，他能写简单的报告。同时对乡政府的生产也能抽空去做，并不妨害工作，种的菜够吃，收种细粮五石多，由此看来他能把工作学习与生产，适当的结合起来。

第三，他能经常注意了解群众的要求，处处为群众利益着想。凡属对群众有利的事，总是不避艰难的去做。如去年八月，带病到状元沟检查妇纺，最后昏得不行了，才回到乡政府。冒雨到各村组织夜校，全乡共设八处，差不多的纺妇与搭工组员都参加了，每天晚上由校长吹一声哨，都到夜校去识字读报。他经常到各校去检查，发现困难，就马上和群众商量着解决了。群众中有什么纠纷，就及时给予公平调解，去年即调解大小案情二十四件。群众都说朱乡长处事公正、不要观念。他任乡长，家中没人劳动，却不要群众代耕，自家雇了个娃娃，并教育老婆好好生产与料理家务。有时移难民没有粮食，他自己就吃稀一点，还借给移难民。他在工作中不要情私，不偏三不向四，不为自己打算，总是为群众办事。

第四，不骄傲，不自大，能虚心向别人学习，自己有错误与缺点时，能够诚恳接受别人的批评，加以改正。如他与阮本友关系好，一九四二年支公差时"要观念"，经区上批评了一次，就改正了。有时板着脸孔给村主任谈工作，后来村主任提出批评，他就转变了。有一次给一村主任写开会通知，忘记落日期，只写着“明天上午开会”，而村主任隔了一天才来，他问“你昨天为啥没来呢?”把条子一看就承认是自己的错：“怪我，我粗心了。”

1945年3月5日，第2版

郭秋根同志作风的转变

郭秋根同志是临城店西峪村抗战以来的老村长，他村虽然经过了一九四二年的减租减息，但工作仍然不起劲，群众生活仍然穷困。去年因他在作风上有了彻底的改变，经过大生产运动，村上工作就完全变了样，全村组织起来的数字占全、半劳动力的百分之百，已经没有一个闲人。从现在到今年秋天，全村可以自给自足，用不着再领救济粮了。去年县上开劳动英雄大会时，他村被选为全县生产模范村，他自己也被选为模范村长，他的进步过程，从下面他的自述中可以看出：

“我是抗战以来的老村长，自己过去的作风是‘下马三发炮’（官僚的意思），叫别人干什么，不干就不沾。比如说派差吧，不是先好好的打开脑筋，使大家高高兴兴的去干，而是以强硬的态度，不去就是处罚。不论啥事都是光叫别人干，自己不愿意动手。这时我认为自己有办法，能够完成任务。去年麦收前（指一九四三年），上级让我到县里受训，讲的课是‘树立群众观念，克服行政命令’，并让我们反省，我当时发言说：‘如果与群众商量，啥事也办不成，老百姓是奴隶性，不压迫就不沾。’上级又给我解释三次，我说：‘就比如我们村干部吧，区里不紧逼还不干呢，老百姓不逼还能沾。’后来上级又说：‘光强迫在群众间树立不下威信；你想想，如果上级对你光强迫，你心里能高兴吗？如果你能好好说服群众，用道理打通他的思想，那么群众一定很满意，你在群众中就有威信了。’这句话把我提醒了，我感觉就是这样。如上级光强迫我，我也是不高兴，如我光强迫群众，同样群众会不信仰我。这样子对上对下都不落好，何苦来？但心里总有两种想法：一个是和群众商量说服到底沾不沾还不保险；一个是自己命令劲头已经成了老习惯，还不能一下子克服，必得慢慢来改才行。

受训回来以后，我心里的想法是试试吧，看到底那样办法沾。后来我就开始实验了，起初我想先和群众商量商量，如打开脑筋就算了，打不通还是强迫。实验了一下没试成功，我就逐渐不信上级所说的话了。

到冬天，上级布置了扩兵工作，全村干部忙起来了，这个去动员，那个去说服，总是不沾，谁也怕走了后家里无人照管。干部说保证优待，他们不信。后来我们想出个办法，就是让群众大家讨论，大家动员，大家保证优待，这样一实验，就弄成了。我一想：原来是人多话大，打动了有意参军人们的心，同时大家保证优待，使参军的安心了，这就使我感到群众还是沾，动员大家做，比光是干部作有效力。

今年春天，上级号召打洞备战，干部伙看了一个地方，群众也看了一个地方，群众都说：干部看的地方打下去'下边有石头'。打了一下，果然被石头挡住了，群众看的地方一打，就打下去了，这又给我一个经验，就是群众大家的办法比我们的办法沾。

发动群众开荒时，仍按以上经验又商量办法，首先让大家讨论咱们村里为什么每年光挨饿？大家你一言我一语的抢着说是村里地太少，人口多，再加上不好好干，所以粮食不够用。我们又叫大家想办法，最后商量出来组织起来多开荒，多上粪的办法来。这样，就把大家开荒的劲头鼓起来了。但在最后，大家仍是迟迟延延不动手，我想了想原因，大概是干部没先干，所以群众等待看。二月二（阴历）那天，我与指导员及几个民兵就先动手开起荒来，这样很快把两个组也带起来了。但还有一部分群众不动手。我又开了一个小组长会议，提出'争取今年不挨饿，使光景上升'的口号，这样就把全村男女全半劳动力都给带起来了，一年得到的成绩，是每人平均增加四亩多地。这里边我又得到一个经验：就是自己动手做模范，就能把别人带起来。后来我就把这个经验运用起来。

村里一个抗属家里很穷，又没有劳动力，为解决这个问题，我又与我们互助组里的人商量，大家一致决定：给他开荒一天。于是我们就首先动手开了一亩荒，引起了别的组的讨论，大家都说：'村长组里还能去干，我们岂肯落后。’后来几个组的男女都参加了，造成了优抗工作的竞赛。

春耕的时候，村里牲口太缺，我就开个干部会，又和群众商量好了，然后我与指导员各先买了一头，以后大家跟着就买开了，使全村牲口增加一倍多。现在要卖就能卖很多钱，群众都感到沾光。后来在很多事上边，我们都用‘干部先动手做模范’的办法，比如干部先起早贪黑生产，把全村不早起的老习惯改变了；抢收麦子时，干部先带领本组起五更割，把全村都带起来了，锄苗时候我们干部先动员自家娘们下地，然后全村妇女都下地了。

同时，因为我们使用了遇事与群众商量的办法，在一年大生产里边，还解决了不少问题。如起初组织起来的互助组很乱，今天干完活，还不知道明天干些啥，每天开会耽误时间又耽误事，我们与大家讨论，想出了排天计划（短期的计划）的办法解决了。割麦时干部会计划的是五天割完（往年是紧七慢八），又让群众讨论了一顿，大家都说保险四天能完了，可是干了两天半就收割、打场、藏粮都弄完了，这说明群众自己讨论决定的事自己定是‘肯干’。再如动员群众打蝗、开展秋耕、刨地等都是因为和群众商量讨论，所以闹的很好。”

以上就是郭秋根同志成为模范干部的具体过程。郭同志不但学会了向群众学习、用自己动手的办法带领群众来干，他并能时刻关心群众，如未开始练兵前，顾到民兵家柴火问题，事前就组织民兵们打柴。

1945 年 3 月 22 日，第 2 版

在研究自己和别人工作中学会新的领导方法

——记一个乡指导员工作从坏变好的例子

陈乐山　李少白

向明德同志，在吴旗二区一乡当了将近五年的指导员；可是过去做工作总是十分之七八的打了折扣，或问题搁置在那里。在他的思想里，群众的事情总是属于第二位的。如去年他乡的机关生产，向老百姓摊生

产粮。去年区上指示办冬学，开始他计划很铺张，一乡就能办三处，并向区上报告说一切都准备好了，但结束一处都没办起来。

去年冬天，他被调到县里的干部班学习，集体的思想、政治上的教育、反省检讨，相互批评，一点一滴的发掘着他的思想，逐渐引导他对工作进行研究，使他感到了兴趣。

当高进芳乡长报告办纺织的经验后，使他感动。他针对着高乡长的报告，反复的想着过去办不起来的原因，就是光宣传，干部不起带头作用。到训练结束，他就在县里永丰工厂领了二斤棉花，过年时，连夜做了一家纺车，领导自己的儿子和女儿先纺。一月中，纺出了一斤半棉线，就立刻影响了许多人。他的邻家，李宝真婆姨，自动跑来跟他学，最后，全村五户人做了六家纺车都纺起来了，都是这个带头作用收到的效果。他总结了这个成绩，更进一步提在支干会上去研究，当面纺给大家看，一边详细解释着永丰工厂组织妇女纺线子，发棉花、贷车子，及四区一乡纺布的事情。到会的人都感动地说："人老几辈子都没见过的事，你啥时学会的!""只要他们能纺，咱们也能干。"自卫军连长回去就宣传指导员学会了纺线线，自己领头，推动了全庄五家人和木匠陈占中变工，做好了车子，开始学，情绪很热烈。

冯子沟折青山，听说指导员学会了纺线线，亲自跑了十几里路去看，在尚明德同志的说服下，回去他也做了车子纺起来。还有一乡十几个党员也在他的带动下，决定要做车子，开始学。

一乡的纺织工作，从他开始，已□□活跃了。

阴历二月初六，春耕开始前，他就召集了一个党员轮训班，动员春耕，讨论了以下三个问题：

1. 党员干部要领导群众生产。他报告了他组织妇纺的经过情形，大家都明白了自己要起带头作用，才能影响与推动别人，愉快地接受分工后的任务。

2. 做生产计划。先读了《群众报》上登出绥德刘凤英做计划要分工的文章，引起检讨过去做计划不顶事，今后计划内容应着解决实际困难，决定今年不一般都做，光给二流子、计划认真正确的农户及党员做，以推动别人。

3. 组织劳动力。开始大家提出的困难很多，他应到大家集中讨论：把检树咀放羊人组织起来，把群羊合成二分，省出二个劳动力。在会的连长庞汉卿立刻听取了他的建议，保证回去能做到，启发了大家的思想纷纷发言，回去活动村人除草、捎柴、合格牛犋。

阴历二月十五，二区政府召集各乡乡长指导员开会，动员春耕，尚明徐同志报告了他的工作，大家都很赞扬他，鼓动他继续把这种精神巩固和贯彻在以后一切工作中。

1945 年 4 月 20 日，第 2 版

从具体工作中培养干部的优良作风

我们的工作作风，在过去，不管什么工作都是自上而下的把数字一摊，然后再讲几句道理。因此一般干部都把数目字看得非常要紧，牢牢的记下来；但对于进行工作的方式方法却一概不讲究，也不问是为什么要做这件事情。县区如此，及到乡上、村上，就简单连一点黄黑都不说了，只是照着数目字去看。举例如去年发放纺织贷款吧：区的干部到县上开会，先是县上把贷金给各区一划分，然后讲这款是叫贷给没钱买花的人发展纺织……区的同志听进去了一半，丢掉一半，回去召开乡级干部会传话，除了划分数目字一项要讨论外，讲的道理就更简单了。因此有些乡的同志开罢会回去，拿上钱不知发放给何人，于是把贷款发给开饭馆的、买牲口的现象都有。当然这是一个极坏的事例，但其他工作基本上也是这样老一套套下去的。

正因为干部简单化的工作作风，对每个工作不宣传不解释，群众自然就不容易明白它的道理，而发生怀疑，不去自愿执行它了。为着完成数目字怎么办呢？这是我们的干部便只好将“强迫！命令！”的武器加到群众头上。因此本来是一件为了群众的好事，但结果恰恰相反。比如发放纺织贷款吧：有些群众不明白其故，以为政府再好也不会到这步田地（发放纺织贷款在关中还是首次），所以不愿领受，怕是政府套弄。其实连我们的下级干部自己，对于发纺织贷款的认识也是很模糊的。他们既不了解政策，又不会运用宣传解释去启发群众的自愿，因此在群众

不自愿时，便只有摊派，派下去不行，就只好强迫，命令，这就是摊派和强迫命令的关系。

去冬新宁区乡干部训练班，坚决反对了摊派、命令的作风，提倡坚持民主自愿原则，使许多干部确实学会了一些新的工作方法，并在今年四个多月的工作中已有显著的成绩表现出来。这是好的方面。但也有一部分干部经冬训班反对了强迫命令作风后，在工作中，对民主自愿原则又发生了误解，形成工作自流现象。该区一个助理员在柴桥村开会，讨论运盐代金，该村村长侯乘德屡次都不到会，助理员没办法，就只忍气吞声的说："要不是民主自愿，我今非绑来不可！"三区三乡开春耕大会时，乡指导员说："今年组织劳动力，订农户计划都一切是自愿哩，谁愿组织就组织，不愿就算了。"结果有一个行政村没有一个人参加劳动组织。该区区书崔永礼同志下乡检讨，只听了指导员的汇报，究竟群众不愿意组织的原因在哪里呢？他没有询问。再有一些同志，和如前所述的自流作风相反，他们根本不接受新工作作风，他们认为"行不通！"三区一位乡长说："弄民主啥事弄不成！"因此他在春耕工作中仍是用的摊派方式。一区一位乡长也说："民主不公道，还不如我摊派下的公道呢?!"所以他在划分运盐代金时，便不通过评议会，自己一手就摊下去了。

出摊派、命令到自流放任，还是目前下级干部工作作风的主要新偏向。这偏向妨害了干部的主动性，给各种运动推进了不景气的深坑。还是必须加以克服的。必须在实际工作中，采取具体的教育来使干部认识是偏向，并非成真正的民主自愿作风。事实是很明显的，习惯的摊派、命令作风被坚持的反对了，但新的作风又不善于运用，因而只有造成束手无策的自流现象，还认为这就是民主自愿。

为克服自流现象及摊派命令作风，我们采取了这样的办法：将下面发生的各种自流现象、摊派手段和真正民主自愿作风事例，不时地搜集起来，加以整理，再拿下去教育干部。这种办法收效极佳，如果长期下去，将可达到培养新作风的目的。

1945 年 5 月 21 日，第 2 版

一个村主任的转变

李方立

定边二区于春耕前举办的乡村干部培训班，收到了很好的效果，一乡五村主任李云成的转变便是一个鲜明的例子。李云成去年开始当村主任时，他父亲对他说："你不要努力工作，免得把你拖进去了！"果然，李云成于去年听到了乡上找他开会的消息后，便产生了一个坏想法："我不去开会，公家认为我不会工作，会把我换掉吧！"因之，跑到西山富水姐姐家躲藏起来。四五天后，又去叶儿庄找姨兄张云川请教解决的办法。张云山是一个老干部，他对李云成说："你正青青的，正是进步的好时候，好好干工作吧。"但李云成回到家里，又采取了敷衍工作的一套办法。当地委来该村帮助群众除草时，李云成见地荒的很厉害，怕公家说他工作没做好，就偷偷的给群众说："咱们村上的钱不要让地委赚去，让咱们的除草队慢慢的除吧！"李云成又在郑家沟遇到吴春贵和种瓜的老刘很多人在一起耍牌时，人家怕的急忙收拾牌场子，而他却说："我连我的大疮闹不了，还闹你们这个秃疮吗！"（连自己顾不上不管别人意）说完，装没看见的走了。尤其是关于纺织工作，群众告诉李云成有困难时，他便对群众说，你们作下纺车来当检查工作的人的眼睛就对了。群众王存仁嫌他工作态度不好，他反而更发脾气的说："麻子槎槎能当人，你这荞麦槎槎还当人哩！"（以旧麦槎讽刺王）乡长批评了他，他这样想："上边批评我，群众反对我，真是老鼠钻风箱，两头受气。"他说："共产党什么都好，就是不叫打骂人成问题，这样还能作成事！"

该区于春耕前兴办的乡村干部训练班，让乡村干部反省了错误，提出了困难，然而又按着具体工作，讨论了新的工作作风和方法。最后，还让人专门报告了共产党、八路军及解放区的发展状况。李云成经过了这番学习，认为共产党、八路军有前途，决心要按着新的工作作风和方法好好工作。李云成在今年动员春耕的村民会上，向妇女们解释她们担心学会纺线会被调到工厂里去的想法不对，他说："如果公家要真的调你入工厂，不叫你们到工厂里再学，还用让你们先学会再才去做哩？"他还举了纺花利大的例子，来向群众宣传。如该区李国治十三岁的女子，纺花已赚了一身新衣裳，还余下一万多元；又如李生林家，去年买了二斤花，纺成线换了二丈多布，这样的影响全村二十多户人家，有十分之七八已动手纺纱。在办教育上，去年他向群众说："决定谁念谁就念，如若不念，鞭打绳栓。"不但使学校垮台，还得罪了宋全盛和李维成。今年他怕他们二人仍存下成见，便请宋全盛的兄弟宋全义，李维成的兄弟李富成去劝说他们要娃娃入学念书。他这样想了好多办法，把他们村上的小学校恢复起来了。此外，他在改造二流子，订生产计划上，还给群众解决了不少困难，群众说："我们的村主任现在脑子大转变了！"

1945 年 7 月 7 日，第 2 版

延川总结区府工作中，各区干部检讨作风

王俊德

自去年冬训后，本县干部工作作风在逐渐改变着，但还没有完全改变，在工作中还有不少毛病，当总结区府半年工作时，特别强调了这一点，而热烈的展开了自我批评。从六月二十号开始到廿七号，除个别干部因紧急工作缺席外，区府全体均出席参加。讨论秘书事务工作时，郝子西诚恳坦白的检讨自己在领导上没有灵活的工作方式，态度不好，引起事务人员的不满意。在讨论自卫军工作时，李世荣反省对自卫军缺乏平日教育，使乡府在紧急动员时，有自卫军不受调动的现象。一般同志还缺乏实事求是的精神，如在今年春耕总结检查时，即捏造过数字。此外有些老干部还没放下"工作历史长、经验多"的包袱，不肯学习，另有年龄大的，不求进步，只认为没有前途等等。违反政策、乱用刑罚等现象尚有发现，例如二乡乡长张学文因动员毛驴把鲍家河老钟的儿子打了几个巴掌；一乡张家河关阎书一家和他"儿女婿"打架，村长就喊村

里人把关阎书和他老婆女儿一齐绑起，四乡黑流沟高某因和他弟媳妇打了一架，就罚了生产等。

1945年9月18日，第2版

子洲双湖峪区开区乡干部会，纠正干部不团结现象

双区区委

双湖峪区最近召开区乡干部会，检讨工作作风，解决了四乡干部不团结问题。四乡干部在这次会议以前，工作上不互相商量，你看我，我看你，工作马马虎虎。四乡指导员反省时说："在工作中我就从没和乡长商量过，我以为乡长能力强，不要我帮也可以做好。我上半年只到过一个行政村。对防荒工作没认识，认为节省工作不大要紧。"他对乡长的缺点，没有提出意见，只是心里想"看你这样骄傲，工作弄不好了怎么办。"指导员的经济观点也不正确，贴上给群众发下的鞋钱，自己用来买衣服了。这些缺点，他开始只是很肤浅的说了一下。四乡长在开始反省和指导员的关系时，把工作搞不好的原因全推到指导员的身上。认为自己在工作中最大的缺点是抬龙王；他认为指导员的工作能力没他强，没有资格来领导他，他就不和指导员商量工作。在这次大会上大家对他们二人提出了很多意见，指出乡长和指导员的不团结现象应该纠正，经过大家的帮助，乡长才感动地说："以前我为了个人的舒服，不愿做工作，三个干部对我都不满，经过这次会议后，我们一定要把工作搞好。"

1945年9月21日，第2版

吴旗干部作风转变中　开始切实主动布置工作

林　平　海　岳　王怀仁

自今春县上举行作风检讨会后，区乡干部作风大有改进。如一区区

书赵偃斌和区长解秀山能主动布置备荒工作，他们在接到上级指示前，读了报上的备荒指示和各地消息后，就做讨论和布置。尤其是谢区长以前做工作疲塌，有意见不讲，常想回家，以后即能积极帮助群众解决困难。如彭尚先全家大小都病着不能耕种，经解区长调查出，就给雇人帮助把地种上了。四区负责同志能配合当地实际情况，召集干部研究，然后给各乡布置工作，二乡去年收成好，而二流子多，该乡便以改造二流子为中心工作；四、五乡庄稼去年遭雹灾，收成坏，就决定该乡主要是解决灾户解决好籽种草料、调剂粮食，使他们按时生产。又如吴旗的妇纺工作以前是从上而下的摊派，不向群众宣传纺织的好处，以致两三年来妇纺工作总未搞起来，今年干部改造了思想，改变了工作方法方式，使妇纺工作得以普遍开展，纺车增加了六百余架，织布机也增加了十二架。此外，各区干部在建立机关家务、团结干部、维护人权上，都有进步。但是，有些干部不能建立经常工作，除行政动员工作外，觉得再没事做，所以常常回家；有些干部对工作主要次要没法安排，经常顾此失彼。以上两种现象，乡上干部表现特多，这是他们的工作缺点，也是他们工作的困难，很需要上级耐心帮助。个别落后的例子如五区区长贺福祥同志很少进步，不满意县上批评他骑马下乡工作，又说自己老了，不能学习，甚至发展到工作违反政府法令的事情，如在庙会放赌，趁机吃群众的钱。贺区长自己应振作起来，猛省改正。

1945 年 10 月 29 日，第 2 版

固临临镇区三乡干部　布置选举首先自我反省

海　平

在选举工作中，谁发现和解决问题多，谁的工作就好，进步就快。

临镇区三乡于本月初召开干部会，讨论选举工作，检讨干部作风，首先卢乡长反省说："农户计划：四个行政村只做了四户，防旱备荒时检查只一次，大多完不成任务。全乡十几个变扎工队，都是自动组织起来的，我们只做了宣传工作。对二流子只订了生产计划，没有具体帮助

和督促检查。工作不用脑子，怕麻烦，不细心。冒火了，常发脾气。”

锄奸主任王虎说：“自己特别是家庭观念浓厚，家里事办不圆满时，常是垂头丧气的。对工作常是分配了啥才做啥，下了农村就想回家做活。”

教育主任高亲林说：“自己没做本身工作，没检查过民校，到农村工作只是走马观花的串一趟。”

一政村主任高余玉说：“自己工作常做不好，不起劲，常跟着群众跑。乡上同志批评我动员马虎。有次，要我动员十七个牲口，只去了三个。又一次大家议好要白家沟派八个劳力去帮雷家村人收庄稼，也没办成。”这些主要是怕惹人的缘故。

根据每个人的检讨和反省，乡干部的作风主要缺点是：家庭观念浓厚；怕惹人；工作方式简单化、不了解政策、不会给群众做说服解释工作；不用脑子想问题；不愿学习，工作不起劲。为了测验每个人对缺点的改正和进步程度，一致认为：在乡选工作中，谁发现的问题最多，并能提出解决的意见，谁就进步最快，工作最好；谁发现的问题少，或发现了没有解决，谁就是工作没有搞好。

1945 年 11 月 21 日，第 2 版

延县申长林乡选举中　帮助部分干部改正对自我批评错误认识

马康同志报道：在蟠龙区申长林乡试选中，发现了某些村级干部对自我批评的几种错误认识：一个是“自我批评是为了完成上级任务”，如王家屯行政村主任李公明，在妇女会上勉强的反省了绑人骂人的几个事情后，怕妇女们起来批评，连忙告诉选举工作组同志：“我的任务完成咧”，就跑到“地畔”上去了。妇女们说：“你走了我也要说的!”一会，他又被劝回来，硬着头皮听大家批评，感到非常羞愧痛苦，然而又不得不压抑着，表现出十分难受的神情。错误态度的另一个是：“自我批评好办，只要向群众敷衍几句就对啦。”如副乡长王相国，平常工作谨慎，办事公平。但在大会上报告政府工作时，对有一次以布折价向群

众买鞋，但后来每双少给了布的事情没有解释清楚，只含糊承认做得不对，不料受到了群众严厉的质问，最后才把这事说清楚并进一步承认错误。王副乡长开始也感到羞愧甚至灰心，但在这次检讨工作的锻炼中，思想上获得了很快的进步，并自动到各村向群众做自我批评，最后又在乡代表大会上做了次深刻的反省。这次虽已落选，但他也不丧气。错误态度的又一个是："反正到这样啦，只好挨批评。"他们认为批评是"败信"，反省是"倒灶"，如马家沟的副村长马富旺，当村民批评他工作不负责、手续不清时，他说："你们想说就说啥，都是我的不对就算啦！"李公明被群众批评后也曾说："工作做不好，受上级批评不算，还挨群众骂。这叫老鼠跑到风箱里，两面受气！"

上述这些不正确认识，说明还有一部分干部还不了解自我批评的目的：是为了求得自己进步即改进工作，从而更好的为老百姓做事。但也要指出：产生这些不正确认识的主要原因之一，是由于领导上理性的、深入的宣传解释做得不够。县上举办了培训班，但仅止于区乡级干部，没有深入到村级干部中。为了改正这个缺点，在申长林乡试选中采取了下列补救办法：一、要干部自我批评，避免用命令方式，应耐性的反复解释，使其正确认识自我批评的目的。如对王相国，起先既是简单地命令他承认卖鞋扣布的错误，而没有具体分析这件事情错在何处？责任谁属（因为不完全是他的责任）？及至后来经过分析解释，才使他心悦诚服的承认了错误。二、要注意调整干部与群众之间的对立情绪。如李公明开始觉得在妇女会受批评是"老鼠跑到风箱里，两头受气！"妇女们紧张的想报复一下。经过领导上的解释，李公明承认了错误，曾被绑过的老徐婆姨从气愤而转变为心平气和地说："你深刻地认了错也就没啥咧，我还能要谁绑你一绳子呢？"李公明也很高兴。三、对贪污分子及一贯要私情的干部则不应采取调节方式，必须放手让群众严厉的批评。如对畏罪潜逃的前乡长王双俊（曾贪污救济粮七斗，工作不负责等）和文化主任刘秉章（打地不公，给群众打地多报，给亲戚打地则少报），就采取了这一办法，结果大大提高了群众的参选情绪。

1945 年 11 月 21 日，第 2 版

替群众办好事，为什么有时还引起群众不满

编者按：这个材料已于本月六日在本报登载，但比较简单。而这个材料本身可以说明些有关工作作风的重要问题。故又根据李景林同志自子长来信，将该材料之详细过程整理发来。

在我们的工作中，常常发生这样的问题，即有些干部用了很大的力量，想为群众办好事，但有时候所得到的结果，不是群众称赞，相反的却使他们不满。这似乎是一个很奇怪的问题，但如果仔细的检查我们的工作，却又不难发现对这个问题的答案。

在子长县的工作检查中，便发现了这个问题。

比如发展植棉，这是解决人民穿衣问题、增加人民财富的好事情。子长县的干部在植棉工作中曾花费了很大力量，县、区干部专为此事下乡突击了三次，并帮助群众调剂棉地，解决棉籽等问题，但结果却是“出力不讨好”，非但植棉数目没有完成（原计划二万五千亩，结果只出苗三千余亩），而且引起群众的不满。那么，为什么会得到这样的结果呢？只要仔细考察一下植棉工作的整个过程就可以知道。在植棉开始以前，上边布置各县要植棉二万五千亩，各级干部也照样的把这个数目布置到群众中去，但该县大多数群众过去没有植棉习惯和经验，因此对植棉的好处不大了解。同时全乡一万户群众，要完成二万五千亩植棉数目，每户要种二亩半，而有些区川地较少，如涧峪岔区群众说：“我们这里地不好，还硬分派了数目字，只完成了四百亩。”另外在地多的地方则布置的数目较多，如东区平均每户要种四亩半。干部们又缺乏深入的宣传和解释，结果“硬说服群众”，全县只完成了二万一千亩的数目，实际上种的只有一万一千亩，因天旱其中只有三千多亩出苗，苗还不足。而且因为有些群众还不明白植棉的好处，勉强种下，不用心务育，以致棉花收获很差。据说，如果不采用这样摊派数目字的方式，经过很好的宣传解释，使群众自愿提出植棉计划，则全县可种一万五千亩棉

花。比如中区一家姓张的群众，政府没有摊派，他自愿种了些棉花，结果他自己务育的很好，种半棉花可收三十斤净花。

开始要种二万五千亩棉花，需要棉籽十五万斤，县政府便采取统一购买的办法，但费了很大力量才在延川买到八万斤，每斤棉籽价格合四合小米，县政府便从各仓库里借支了一百五十石米，和借支了五百万元公盐代金先垫上，然后把棉籽由县到区、到乡，再发给各村群众，经过这几次转运，中间抛损一些，等到分到群众手里，由于折损则每斤棉籽的价格合小米四合半，而把棉籽发下去之后，紧接着便需要向群众要钱，这时候又发生了不少麻烦和问题，比如东区干部好容易把棉籽钱收齐了（群众按米价折钱交付），米又涨了价，于是又下去要群众补钱，钱补齐了，正要往上交，米又涨了价，于是又计划叫群众补钱，结果被政府阻止，没有再向群众要，短下的钱由政府赔了十一石小米。就是这样，也已经引起群众很大的反感，群众说："我们买了一次棉花籽，常是还不完的帐"。总之，为了发动植棉，干部费了很大力气，可是得到的结果却是群众的埋怨，而且到现在还没有把棉籽的钱还清，这欠仓库米六十多石，欠公家代金二百多万元。实际上开展植棉，要用典型示范、耐心解释的方法，使群众真正明白植棉的好处，至于棉籽可以交合作社由群众自由购买，没钱购买的群众可以先借给他们，秋后再还，或少收点利息，这样既减少政府的种种麻烦，也同样便利了群众。

在备荒的时候，边府及专区都应召群众增种荞麦。子长县为了解决群众买麦籽的问题，便动员了群众的牲口，并派干部带头分几批到安塞购买荞麦籽。第一批到安塞白廊岔集，刚买到一石五斗荞麦籽，就被当地区上干部挡住，说是荞麦籽由建设区统一购买，不好让子长县买去，于是只好停买，并将已买的一石五斗荞麦籽退换回去，空着牲口跑回来了。第二批十一头牲口，到安塞化子坪集上买荞麦籽，也以同样理由被挡回，没有买成。以后该县接到建设厅及专署的命令，说安塞真武洞有二百五十石荞麦籽，叫派牲口去驮，于是县府即派大批干部连夜下乡动员群众牲口，下乡干部两日两夜未睡，结果动员了四百多头牲口到真武洞去驮，但到了那里，该处并没有荞麦籽，于是四百多头驴子又空跑了一趟，路上还跌死了四头驴子，由政府摊派各村群众出钱赔偿。后来建设厅及专署又来信说延安市有八十石荞麦籽，青化砭还有十五石，又叫去驮，于是政府又派四科长副科长及其他干部共四人，连夜下乡找牲口（因为这时候已引起群众不满，不能再动员牲口了），第二天，九十头驴子集中政府等候出发，但当时政府又无法开脚费，便对脚户说："脚钱现在没有，你们愿意驮就去，不愿意去就算了。"于是辛辛苦苦干来的七十余头群众的牲口便赶回去了，只有合作社的二十头牲口去运了一点。

眼看着种荞麦的时间就要过去了，但是还没有弄到荞麦籽。县政府便派人到专署去商讨，结果专署发给了二百万买麦籽贷款，粮食局派牲口给送来二十六石荞麦籽，但已是古历六月半了，二百万贷款拿回去，四科副科长正生病，便用了二十六万，又开了七十多万的脚费，剩下的钱和运回的一部分荞麦籽，有县发到区，由去发到村，再由村转发给群众，已经立秋前后了，按着种荞麦的时节已经过了。因此有的群众领到了钱便没有买荞麦籽，有了买了后没有种，有的虽然勉强种下去，但时间过了，加上今年天冻得早，有些荞麦刚开花就被冻死了。结果领到专署的二百万荞麦籽贷款，实际上对于增植荞麦没起多大作用。

这次统一购买荞麦籽的结果，非但没有给群众办了好事，相反地因为几次动员群众牲口往返几天路去驮荞麦籽（还没有买到），跌死了四头驴子又要群众出钱赔偿，但终于没有解决荞麦籽问题，所以又引起群众很大的不满。

如果不用这种政府统一购买的方式，由合作社购买一部分荞麦籽让群众自由来买，同时只要向群众进行深入宣传，使他们知道种荞麦重要，他们会自动的到集上购买，事实上，有很多群众没有依靠政府，在石沟买了几十石荞麦籽。而且正当政府动员大批牲口到安塞驮荞麦籽的时候，清涧县却在子长县内买了几十石荞麦籽。

1945 年 11 月 24 日，第 2 版

政策、愿望、方法和效果

今天本报登载的"替群众做好事，为什么有时候还引起群众不满"

的通讯中所反映的工作作风的一个严重缺点，不仅在子长县存在，在其他有些地方也往往免不了会发生的，因此值得大家很好的注意。

必须肯定，我们的一切政策和工作，都是从群众利益出发，为群众"兴利除弊"的，我们的干部，除了个别欺压群众的恶霸或贪污腐化危害群众利益的份子以外，绝大多数是对群众忠心耿耿、全心全力为群众办事的。即以上文所介绍的子长县的例子，他们为了解决群众穿衣问题、为了增进人民的财富而发动群众植棉，为了组织群众备荒而叫群众增种荞麦，政府想尽一切办法借钱、垫款为群众购买粮种，干部不辞劳苦奔走各农村、甚至"两日两夜不睡觉"督促群众去驮荞麦籽，这都充分的说明了我们干部为群众服务的愿望和热情。

但是，在植棉和种荞麦的工作中，子长县这种为群众服务的主观热情，事与愿违，群众不仅没有得到好处，反而浪费了人力，干部的努力不但未得到群众的称赞，反而引起群众的埋怨。造成这种结果的主要原因，是因为在他们执行这个正确的政策和工作的时候，只从主观愿望和计划出发，没有更深入的在群众中进行调查研究，没有充分的了解"民情"与"己情"，因此不照顾本县的具体特点而规定了植棉数目字，不顾及群众缺乏植棉习惯与经验，不经过典型示范宣传解释通过群众的觉悟出他自己提出植棉计划，而是选取强迫摊派的方式。在购买棉籽和荞麦籽中也同样的犯了这个毛病，没有注意到本村分散的环境和自己主观的力量（如交通不便转运困难，且统一购买不易等等），结果政府赔了钱。群众也吃了亏。几次动员群众的牲口去驮，来回误工很大，却没有达到目的，还跌死了几头驴子。（关于植棉数目和购买荞麦籽的问题，特别是后者，上级领导也要负很大的责任）相反地，如果事先进行周密的调查研究、了解群众的具体情况和需要，通过群众中的积极分子，经过很好的典型示范，耐心的宣传解释，使群众自觉的起来植棉和增种荞麦，政府通过群众的合作社，再加以某些帮助（如政府放一部分贷款、合作社替群众代购一部分籽种），则群众会自动的分散购买籽种，这样的办法就合于当地乡村的实际情况，种籽既易买到，也不用日夜动员群众牲口去驮，也不用因转运损耗要群众多出价钱，也不会因米价涨而三番两次的要群众补钱，也不会跌死驴子，而植棉和种荞麦成绩也不会像现在这样小。

子长县的这个例子，充分说明了这样一个问题，即是在我们的正确政策决定以后，在我们具备了为群众服务的主观愿望以后，还必须采取实现政策和达到这种愿望的正确步骤与工作方法，并要在工作过程中经常注意实际效果，来不断改进工作作风的缺点。我们必须仔细的了解农村的实际情况，根据群众的需要与自愿来进行工作。过去我们组织劳动力、创办合作社、制订农户计划等，主观上都是为群众谋利益的，但因为有些地方缺乏调查研究、没有通过群众的自愿与需要，因而在组织劳动力、制订农户计划时，犯了强迫命令的毛病，在创办合作社中犯了摊派股金与合作社业务不适合群众要求的现象，结果引起群众不满。我们必须记取这些经验，并用这种经验随时检查和改进我们的工作，以便更好的为群众服务。

1945 年 11 月 24 日，第 2 版

引导乡干部发言　五区贺区长彻底反省自己

县委宣传部部长李子岐同志报道：五区选举由于第一次布置潦草，工作没有开展，县上派同志到区上召开即第二次区上干部会议重新动员，为了发动区上干部都反省，会前和每个区级干部都进行谈话，发现区干部在思想作风上存在些毛病：一、对上级指示和工作任务讨论研究少；二、工作有布置，无检查，如区上干部有从乡下回来，就没有检查执行情况；在备荒中，干部们回家，很少下乡帮助工作；三、区上干部关系不好，闹意气，存成见。如区书和区长的关系就不团结；四、区上很多同志感觉工作任务多，上面给的办法少，因此干部情绪不好，抱着得过且过的消极态度。县上同志谈出这些问题后，就引发区上同志在会上自我批评。区长贺国祥同志说："过去我是很执拗的一个人，自己毛病很多，也不愿意承认，也不愿意改正。我的党性不强，有些老二杆脾气，和区书及其他干部经常吵嘴，有时闹得很不好看。今年以来，工作垮台我负主要责任，生产、备荒动员中就根本没有管，政府只有一个干部下乡，最坏的一个想法是不动员人家还是一样的做。有时候，开会我

也不过问、不检查。今年工作我没有做出什么，凭自己高兴去做，常回家，因此工作垮台。我和区委书记的关系不好，区委书记在背后说：‘区长不到，这里工作就不会搞好。’我听了以后，心里难受，情绪不高，县上开了两次会，我都未去，区长回来也没有讨论，这事商量不够，使我心里不悦。今年群众中赌博很严重，区上不想办法禁止，有的干部还贪吃了十多万元，这实际上是公家放了赌，就是我自己也曾赌过两次。这次我要下决心改正。”区委书记王瑾同志也反省说：“我来五区工作，和干部关系没有搞好，有了问题不设法解决，推推拖拖，影响本区工作搞坏，今后要首先和区长把关系搞好。”

区上每个干部也都进行了反省，特别是区长反省的彻底、诚恳，感动了大家。因此，对于乡上干部都有很大的启发作用。过去区上干部有这样的讨论说：“光叫咱乡上反省，区上的毛病就该反省?”这次使他们认识改变了。他们说：“区上干部都反省的那样彻底，咱们也要很好的揭发自己的毛病。”这样就展开了乡上干部自我检查，并表示在选举中好好给群众反省自己的毛病，接受群众的意见和批评，向群众学习，改正自己的缺点，区上干部经过这三天多的会议后，认清了选举工作的意义，部分解决干部在思想上、作风上所存在的问题。

1945 年 12 月 16 日，第 2 版

他永不再拔人家的胡子了

——记一个乡长工作作风的转变

“强迫命吃不开”“以前我做工作命令多，对群众打也打过，绑也绑过，骂是经常的事，高嚎就是我对群众的教育方式，可是，现在，我认识了，只有通过群众民主解决问题，才是最好的工作方式，强迫命令吃不开。”这是延安县姚店区一乡乡长申占海同志，在今年区乡干部冬训班上说的一段话。当他披着他的老羊皮，很镇静的站在大家面前说出这些话的时候，他的长长的赤色的脸上呈现着微笑。成百的人望着他，大家都见识老申的惊人的进步，而且向他鼓掌。

旧军队里当过兵

申占海今年四十三岁，个子高大。十年前他就参加了革命。参加革命前他曾在旧军队里当过几年兵。据他说在那个时候，他就养成了看不起群众的思想。因为从官长到兵大部份人都把“三句好话不如一马棒”当成对待群众的“格言”。参加革命之后，在战斗中受了伤，便回到地方上担任自卫军营长，直到一九四一年。在这个时期的工作中，他的旧军人的思想和作风并未完全根除，他对于我们在工作中发扬人民的民主，尊重群众意见表示不满。认为“八路军对老百姓太讲民主，把老百姓惯坏了。”四一年他也担任了姚店区四乡乡长，此后和兄弟分了家，因为家里没有劳动力，生活很困难。四三年他的老婆死了，丢下一个娃娃。他自己又要工作，又要照顾孩子，心里不高兴，又不愿向别人讲。他不识字，年纪又大了，工作感到很困难。当时他自己不识字，不能看报，领导又很少对他进行政治及思想教育，他以为革命力量只有边区这样大，心里更加悲观。

他没有心情工作，更没有把工作搞好的思想。虽然他不再把“三句好话不如一马棒”这句话当做对待群众的唯一的“格言”，但他总还相信这句话有道理。

曾经拔过人家的胡子

申占海曾经拔过人家的胡子，这是他过去强迫命令作风最好的说明。

一九四三年春天，白家沟门的高重魁老汉，和一家姓王的合种地而独收了粮食不分给王家，王家拉他到乡政府去解决，他把姓王的打了一顿。申占海调解这事情时便把高重魁骂了一顿，然后罚他砍了五百斤柴；可是，直到秋天柴还没有砍来，申占海去催他，高重魁说：“我在河边上砍了些蒿子，要你就背去吧！”申占海听了这话便把高老汉“训”了一顿，高重魁毫不理睬的就往家里走，申占海发火了，赶上前把老汉一把拉住，高重魁便用粗大的水烟窝子打申占海，申占海更加愤怒了，便把老汉按在地上，老汉用牙齿咬申占海的手，申占海便一把抓住老汉的胡子，用力一拔，把胡子拔下来了好几根。

这就是所谓的“申占海拔胡子”的故事。

我们还可以举出这样强迫命令作风的例子。

也是在四三年的事情。七月里申占海病了四十多天，可是区上没有一个人来看问他，他想："我病了你们不管，我就不好好工作，惹下乱子看你们管不管!?"正当这时候东沟高大的老婆被侄儿高有打了一顿，跑到乡上要申乡长替他解决，这个老婆子一到乡政府就气忿忿的闹起来，申占海想乘这个机会"惹一个乱子"，因为他知道老婆子平时就不正经，他就不分青红皂白的把老婆子打了一顿。果然区上知道了这事情，就把他叫去美美的批评了一顿。

申占海打了人，心里有时也很后悔。直到四四年冬县的劳英会上，他乡的劳动英雄史凤英在会上讲了他拔胡子的事情，又登在县的《几村生活》报上，他听说了心里很不好过。

但申占海不是完全不知道自己的错误。前年县上召开冬训班的时候，他想到自己一定要受批评，不愿意来，直到冬训班开始了三四天他才赶到。开会的时候，他总是坐在离主席台很远的地方，他老是低着头，灰溜溜的坐在一个角落里，他听到别人反省打人、骂人的毛病，看到会上进行批评和自我批评的情形，他也想到自己，但是他还是不愿意讲话。

上一次冬训班上

申占海并没有很安静的沉默下去。会议进行了几天之后，区上的干部找他谈了几次话，要他在大会上反省。开头他依然拒绝，但经过几次谈话之后，他想通了自己的这些不对，便鼓着勇气，在百多个参加冬训班的县、区、乡干部面前把自己打人、骂人、甚至拔胡子的事情都讲出来了。

冬训班上另外两件事情，给了他很深的印象。川口区李家渠合作社主任刘亚雄，因为贪污被大家斗争的抬不起头来，而且受到上级的处分，而吴满有乡指导员纪明发同志在会上报告他们乡上怎样用说服的方式组织变扎工，领导群众生产，说服群众自愿的给移难民分发镢头、粮食……同时他听到报告时事，知道我们的革命力量除边区以外，还有很多地方、很多军队。加上这时候他家里的生活问题已由代耕解决了，他思想又思想，认为革命有前途，自己一定要好好干，而吴满有乡的例子，使他认识到不用强迫命令也可以做好！

就在这次冬训班上，他在百多个干部面前，发誓以后一定要转变，而且他说如果明年再开冬训班时不转变，愿受任何处分！

抛弃了强迫命令

申占海下决心要进步。而冬训班后的第一件工作——拥军工作的成功，更增加了他的信心。他到白家沟门讲拥军工作，在村民会上他用具体的例子教育大家要拥护军队，他讲到八路军的医院免费为群众治病的现实，讲了边区留守部队自己生产减轻人民负担，特别是讲到三五九旅开荒种地，不但不吃人民的公粮，还向政府交纳公粮的助人事实，村民们为这些事实所感动了，王登保马上提出要拿出五斤肉慰劳军队，其他群众也纷纷捐送劳军礼物，结果全村十二户人出了十四斤肉，申占海为他的工作的胜利笑了，他亲自体验到不用强迫命令也能够工作，而且由群众自愿会把工作做得更好，因为前年他在这个村上做同样工作的时候，用旧派的方式，群众才出了三斤肉。

接着申占海到一乡去当乡长

他到何家沟去动员生产。这村里有一个二流子叫胡彦才，到古历三月还没有准备种庄稼，申占海便在开村民生产动员会后把他找来个别谈。胡彦才因为听说申占海脾气大，好打骂人，不敢走近他，申占海便递给他水烟袋请他吃烟请他上炕，而且用“兄弟”的亲切的称呼和他谈话，劝他好好生产。胡提出来没地又没粮食吃，不能生产，申占海便答应他把乡政府要种的三垧公地让给他种，并亲自去找本村的贺应高，叫贺安给胡八垧庄稼，借给胡粮食，贺因胡是二流子恐怕靠不住不肯，申占海便自动愿当保人，结果给胡安了八垧地，吃了八斗借粮，胡彦才受了感动，便积极生产除种十一垧熟地外还开了一垧荒地，结果一年到头净落了四石多粮食。

六月间安家沟门康家和李家发生了打架事，告到乡政府。申占海当时想打人的应该受罚，可是乡上没有罚人权。要介绍到区上去解决，来往又要误工。他便召开了全村的群众会，由群众公议解决了这件纠纷，大家都满意。用这种方法他又调解了和坪两家群众的打架纠纷。

努力学习文化

上届冬训班上县上发给他一本识字课本，但是当时他除了能认识他的名字外，其他的字对他都是陌生的。他想到要好好进步必须学习文化，于是便利用一切空闲的时间学习识字，到冬训班结束时，他把一本识字课本都认会了，而且可以默写六页。回到乡上他自己做了一个沙盘写字，一有空就把“日用难字”拿出来学，有时候半夜睡不着便起来点着灯写字、识字，遇到认不得的字便写下来问别人。过去他不识字，来开路条的人，他只能把白纸上盖个章子叫他到区上去写，现在他下决心要写路条，可是有很多姓他不会写，于是便把一本《百家姓》放在桌上照写，写了一个时候觉得这办法“不巧妙”，于是叫区上给他写了个样子“今介绍我乡×××一行×人到××”他把它贴到墙上照写。就这样，四十三岁的申占海，在一年中学会了写路条，记帐，还能看《群众报》。这次到县上参加冬训的时候，他忘记了带他的识字本，后来在县府四科看到了一本识字本他便马上借来，带在身上，随时随地翻开来识字。

申占海的光荣

申占海拔胡子的故事逐渐被人忘却了，现在大家都在谈说着他改造二流子胡彦才的故事。今春他从四乡到一乡的时候，许多群众欢送他，而且恋恋不舍。一乡这次选举中，他又连选连任当了乡长。苏家沟的杭满发，瞎了一只眼，在选举的时候，他一定要选申占海，他说：“我一定要把申乡长选上!”

今年一月间，该县第二次区乡干部冬训班上。全体干部都静静的倾听申占海报告他自己的转变经过，而且大家都称赞他。

县委书记李兴旺同志在冬训班总结大会上说：“我们要反对申占海过去所代表的强迫命令的作风，而欢迎和发扬现在的申占海的作风，大家要向现在的申占海学习!”

1946 年 3 月 31 日，第 4 版

第四部分

上级帮助下级
更好服务群众

导　语

全心全意为人民服务是我们党的宗旨。在具体的为群众办实事、办好事的过程中，我们党的干部是尽心尽力的，但是由于种种主观和客观原因的存在，往往好事却不能办好。很多基层干部经常抱怨，“连夜跑路，一开会就黎明，群众很不满意”，“我们没冬没夏、没饥没饱的跑穿鞋底、想破脑子、诚心诚意的为群众办事，为什么还有群众对我们不满意、埋怨、说怪话?!”导致这种现象最直接的原因，则是基层干部缺乏群众工作的好方法，“因而苦闷，影响工作”。

要解决这一问题，领导干部必须要给予基层干部“及时的具体教育和帮助”，帮助下级是领导干部的一项极为重要的工作。毛泽东曾将领导者的责任归纳为两项，即：“出主意、用干部两件事。一切计划、决议、命令、指示等等，都属于‘出主意’一类。”领导干部要担负起教育基层干部的责任，必须要对基层干部的作用有一正确认识——“工作主要是靠下级干部来做”，清除有些干部头脑中的“钦差大臣”思想，自认“我是上级”、高人一等，进而在思想上重视他们、尊重他们，要将“了解干部、研究干部、帮助干部解决问题”作为“最重要的工作”，对待下级“要有充分的群众观点，要将心比心”，设身处地的体会下级的难处和困难。其次，上级要认真反省自己的错误，只有领导先做了自我批评才能启发下级。陈云就强调：“开展批评和自我批评，首先应从领导做起，检查自己有什么缺点，有什么错误。……如果工作出了毛病，作为领导者，自己应首先承担责任。”如果不是这样，上级诿过于人，自己不反省，却要下级反省，其结果只能是“冷冷清清”，毫无生气。对当时上级机关存在的问题，习仲勋分析道：“决定多，贯彻少；对下面同志指责多，具体帮助和鼓励少；党政机关中日常事务多，大事管得少；报告多，解决问题少等现象，亦都是领导作风上的缺点。”

具体的帮助、指导方面，我们摘编了如下几条方法。第一，要有一个研究干部和提高干部的制度，列出表格记录干部的缺点和困难，对基层干部存在的问题“心中有数”。第二，规定每个区干部固定领导一个乡，每个干部要自始至终负责领导该乡每一季节的工作，利用经常下乡的机会，做出榜样，教给乡村干部，这样工作才有可能深入、具体、细致、加强责任心与竞争心。第三，具体的帮助下级干部工作，根据“五情（民情、下情、己情、上情和敌情）”这些具体情况办事，遇事和村干部商量，发动他们自己解决问题，克服代替包办，一旦有了办法，就放手让基层干部大胆去做，锻炼他们解决问题的能力。第四，利用报纸推动工作。报纸为干部交流工作经验提供了平台，是许多基层干部学习的宝贵资料。志丹县委有一套学习报纸的好方法，即：县委发现报上对工作有帮助的报道时，就画上红圈，定为干部必读。然后将报纸分发到各区；对于重要的文章或指示，还推行漫谈讨论。并能根据其精神，按本县情况，进一步提出具体办法和中心，不是机械搬用。最后，组织基层干部进行学习，提高他们的文化水平。

不能放松自己的缺点

小言论：看过一些工作报告，也曾听过几个区长在参议会报告工作，最近还看到延安市和延安县工作报告；总使人感觉到，这些报告对自己工作的缺点，说得不够。大都是如延安市工作报告上所说的一样："的确，应该承认政府在困难条件下，延安已经迅速而有效地作了许多福利公民的工作了，然而缺点与作得不够的地方，还是有的，比如延安市的公共卫生，等等问题"。把自己三年来的工作缺点轻轻一描便就放过，像延安县那样综合起来提出了三大缺点，已经算是在工作报告中，很难得的了。然而，这样够不够呢？很不够！民政局刘厅长在"乡政府怎样向居民报告工作"的指示当中说的好："在每项工作的报告中，不仅是叙述成绩，应特别注意把缺点与缺点产生的原因，今后要如何纠正，尽量指出，同时在执行各项工作中的干部有功的处所，不要抹杀，另一方面，工作方式的缺点，强迫命令的残余，干部不努力、耍私情，对上级政策了解不够等，如有的话，应该尽量说出，而且要求民众无情的揭发与追究。"这是多么切实的指示啊！但是，我们的很多乡长、区长、市长、县长，在做工作报告的时候，是没有遵照这种指示做的。

要把政府工作作好，不坦诚的向人民说自己的缺点，以发动人们的力量，那是绝对办不到的！

1941 年 9 月 20 日，第 4 版

朱总司令令兵站等机关，彻查强种民地事，兵站已将地退还原主

"本市讯"自前月二十一日日本报披露，兵站等机关人员强种民地的消息后，朱德总司令深为注意，当即分别指令兵站、敌工干校、军事学院三处负责人彻查，兹将手令原文登记如次："摘三月三十一日报道各该站、校、院总务人员，不连市府法令强种民地，如系属实，实有造

反党的政策与我军传统，着该兵站部长、校长、杀青长，即行彻查，严加惩处，除将原地送还外，并对所有进行深刻教育，保证以后不再有是项行为发生，并将彻查经过县报为要此令”。“又讯”闯兵站张业部长、敌工干校王条校长、军事学院郭敬育长，自奉到朱德司令手令后，即随加追究，兹获悉兵站部向朱德司令的报告，所有情形如下：在一九四一年春号召各单位生产自给时，兵站勤务厂会四骏鞋厂后面汽车道旁的荒地约一亩占出种菜，直至本年春，市府布告登记土地时，因该站未向市府登记，以后市府即以此地分给住民惠某耕种，兵站因未接有任何通知，遂组织惠某前来耕地，制止无效，乃将耕牛拉去（当又交还了），并向市府申诉，市府即谴一科员前来查勘，彼时当面说明：“此地主权确为惠某，荒三年后仍应还主”。该站当以惠某即确为该地之主权所有者，而又没有尊示向市府申请登记，乃放弃两年使用期，原地退还云。“另讯”敌工干校和军事学院，即因情形较为复杂，一时尚无县报云。

1942 年 4 月 10 日，第 2 版

为群众服务要看效果

——安塞区乡干部工作作风种种

在讨论工作作风的时候，不少的同志反省和批评了自己工作中的缺点；也有同志提出来：我们没冬没夏、没饥没饱的跑穿鞋底、想破脑子、诚心诚意的为群众办事，为什么还有群众对我们不满意、埋怨、说怪话?!

骡子毛也要赔光

去年春扩大运输牲口，原为发展群众运输事业，帮助群众包运公私盐及临时只差等等，可是结果呢？像四区五乡为成立运输社，向群众普遍征集股金四百八十七万元，于三月（去年）份十五条驴、骡子的运输队起来了。谁料到秋后，将一元钱赔的只剩五角五分。当把牲口还原主的时候，也只有五条骡子了。如从春秋两季物价来比，群众吃亏更大。像该乡任家沟杨占皋，春上入股十五万元，按实价可买八石七斗米；秋

后原本只剩七万元，不过买两石四斗米。从群众生活的影响看，该乡四三年夏秋共出公粮二百卅多石，但为加入运输股金却卖出了二百石米，致使有了到夏锄时缺粮，像刘振恩春上为入股四万元，卖米二石连玉米麦子等，到夏上就买着吃了一石米，还出加四利息借了一石麦子。群众看到这样赔钱的运输队，特别气愤的说："再叫他们赶几个来回，连骡子毛也要赔光，剩下的牲口一定要分回来，牲口肉也要我们吃！"

错就说错

去秋私带部分入股包运，七区在执行中，更给群众很大的困难，如二乡在古历七月十三日布置动员，即限定三天都要出发驮盐，不能出发的一律要作股交钱。同时，严格提出一定不能怕了增收麦子；群众无法，只好卖羊入钱。后来，要向群众退股的时候，有些同志还不好意思公开承认错误，经该区二乡参议员高永谦的提议，区委书记才在政府选举劳动英雄的群众会上，明白诚恳的说："私盐入股这件事，我们完全做错了。最先是咱七区时间只限了三天，就要出发，这样口头上说自愿，实际上是硬锢的……"接着高议员向大家解释说："虽然上面做错了，当初不愿意入的谁都可以自由的抽出；可是运输社也有很多困难……"于是引起全场满意的鼓掌，平时负担上好争少论的薛富华也说："只要上面知道错了就好，我是一个也不往出抽，大家想，把运输社拉跨了，也是咱们吃亏……"到会的妇女也说："谁还没个错！""现在政府真心实意，错就说错。"一个难民说："国民党那政府，作错也了还是个对。"结果一政村五十多万元没一个人抽股。

在乡上解决

自实行新的司法方针以来，政府工作同志，对犯了错误的同志，想真心予以帮助和教育，可是像六区四乡江海成，从县上坐看守回去仍然要偷着耍赌，区上同志想找他当面劝说教育，谁知就找不到他，他一听到区上乡上同志来了，就以为要提他便胡躲。虽然区乡同志为他的误工而焦虑，却也无法。区政府助理员听劳动英雄李冬青说："江海成就是往县上送，如能在本乡解决他的问题，我可以劝他来。"助理员立刻同意了，遂把江海成引来全乡劳动英雄会上，由大家批评教育，宣布所输赢的钱一并撤销，又找了保人，从此他安心在家里生产，高兴和感激的说："这一下我可自由了，再不怕政府的人了。"

"嘴在区上就歪了"

去年村上劳动英雄选举，有些区乡却做成了政府指定或拉夫，到秋后这次是真正实行了民主选举，可是也闹出了错误。

五区副营长到三区传达指示，帮助选举工作。他在政府会上只"三八两句"简单传达了一下，他自己在四政村帮助，除选出两个正式的劳动英雄之外，又选了一个候补劳动英雄。乡长高生昌在一政村听得消息，过来问副营长，他却肯定答复："选错了，我负责！"高乡长以为区上同志作的不会错，也选出一个候补英雄。后来区委郭书记见了高乡长就责备说："谁叫你们闹这样的事（笑话），真是好经叫你们这些歪嘴和尚念坏了！"高乡长分辩说："先慢些批评，嘴在你们区上就歪了。"

解开了就好办

去年春节拥军月里，魏永盛同志在二政村召开群众会议，详细解释了拥军的意义，当说到："……大家想，我们的哥儿兄弟在前方，那么的吃苦流血，抵抗敌人，保卫咱们后方暖窑热炕的安宁日子，逢年过节不应该送些东西慰劳！"有些人被感动的眼圈都红了，连最穷的卖小吃的也自动送了一千元，并说："这是最应当的，人要有良心！"于是即刻间集合起两万八千多元。可是四政村按户摊派的方法就不成了、钱又收不起，群众还埋怨："谁知道人家征派做什么的钱！"后来，一个村长刘元华给乡长说："咱那政府主任就没给大家伙说明白，他自己先提议摊派的。"当乡长专去问沙儿湾最穷最不愿出钱的蔡维德的意见时，他深表懊悔的说："如果我早知道是给咱军队送礼的话，我还有想办法多出一些的，人家舍命抗战，咱多劳动半天工不赚几百么?!"。

1945 年 1 月 23 日，第 2 版

绥德干部会习仲勋同志发言
——要改变分区与县级领导作风
多项问题根据五情办事

一月廿五日，绥德地委召集分区各机关及绥德县干部开会，习仲勋发言着重检讨工作作风。习仲勋同志首先提出，分区今年主要工

作：（一）发展生产，以增产粮食为主。分区要种棉十六万二千亩，纺织方面提高质量，解决今年的穿衣问题。（二）民主建设，要自下而上的进行选举。（三）坚持和开展统一战线工作。（四）在地方上要扩大基干自卫军，加强训练，提高军事技术。（五）大量培养干部，提拔群众中新的积极分子；文教工作要与生产相结合，克服形式主义。

仲勋同志指出，过去某些工作中还存在着严重毛病：如耕三余一的口号，未估计新区农民的经济特点。要老百姓普遍实行，并强调两年内完成，以致发生了不少错误。农户计划方面也存在着形式主义，把订农户计划当作了填表格，以致不少农户就捏造了一些数目字，结果并不起什么作用。变工问题上，有不少变工是聋子的耳朵——样子货，人民反感到麻烦。过去移民工作只分配数目字，并且硬要区乡同志完成任务；有的村子为了本村好，甚至把二流子都移走。仲勋同志说明，我们的工作本来都是为人民的，但因为有的同志不看情况，不顾老百姓需要，所以产生了这些缺点。

接着仲勋检讨分区在领导作风上还存在着不少缺点，最主要的是按上级指示照样办事多，研究分析问题少。故今后改变分区与县级领导作风中心一环，就是要多用脑筋，多想问题，根据五情（民情、下情、己情、上情和敌情）办事。这样才能达到为人民办事的目的。此外如决定多，贯彻少；对下面同志指责多，具体帮助和鼓励少；党政机关中日常事务多，大事管得少；报告多，解决问题少等现象，亦都是领导作风上的缺点。这些毛病的根源，主要是主观主义的思想尚未在一切同志中彻底肃清的缘故。仲勋同志随后又具体指出：分区在过去工作中，如生产、改造二流子、减租、负担公平、纺织、文教等方面，都得到群众的拥护。但如有些地方拆庙伐树、开坟地、捆人打人骂人、合作社摊牌股金等是群众不满意的。特别是合作社摊派股金，业务不合群众需要，作走私生意，甚至还有以合作社名义，做私人生意的现象，尚未彻底肃清，故今天合作社应来一次革新，根据群众意见，进行改造。同样，在缉私问题上，过去还有非缉私人员，乱检查乱没收人家东西的现象，引起群众不满。仲勋同志特别强调我们共产党人的责任是为人民办事，一切工作应对人民负责。光服从上级指示，不倾听人民的意见，这样并不能算是好党员。

最后，仲勋同志希望各机关同志彻底从思想上检讨本部门工作，在工作作风上来一个大转变。

1945 年 2 月 11 日，第 2 版

子长南区石区长　进行工作注意同干部群众商量，订农户计划避免流于形式

子长南区区长石银秀有两种好作风——发扬民主与亲自动手，因之在工作中碰壁较少，而且得到了很大成绩。如在井家沟处理婚姻问题，经过村民会议讨论获得解决，大家都很满意。征粮中，石区长着重详细调查，以乡为单位进行征收，反对摊派，去年南区是子长征粮完成得最好的一个区。前年因负担不公平而移走的农民，去年仅五乡就回来了二十多户。当每一件工作开始时，石区长总是亲自动手，先从一点开始，如为组织群众备荒，他先亲自领导三乡干部和滴哨村群众开始，三天开出二十一垧，各乡见他们成绩好，也跟着动起来，接着他便到二、五、六乡去帮助，这样开荒便开展了。如改造二流子，石区长和群众商量好，先改造最顽皮的郝二毛，由区长亲自给他定计划，督促、检查、说服、教育，再由郝二毛这个具体事例去影响并改造其他二流子。又如它曾亲自带领李家川、桑树坪等村妇女到地里打卡棉花，又一次他发现了斑□吃洋芋，便立即率领群众一起捕捉。因为石区长掌握了从一点开始的领导方法，所以提出的口号都没有落过空。

石区长订按户计划较少强迫和流于形式。如经他帮助订计划的四乡张家庄，有十户十六个劳动力，三头牛，前年未订计划时，开荒十五垧，种熟地六十七垧，共收粮三十八石；自去年订了计划，即开荒五十三垧，种熟地一一二垧，收粮一百二十余石，比去年增加两倍。石区长当时订计划能根据特点，把重心放在互相调剂解决困难上面，而不是一般的形式。按南区荒地较多，过去群众只顾开荒，不追求农作法，只锄

一次草，甚至有少数不锄的。石区长看到这样损失太大，变召集生产会议（干部、劳英、积极分子）、民主决定：谁家地不锄二次，由扎工队代锄，秋后分一半粮，这个办法一传出，群众都抢着锄二次，同时又提出本庄地未锄完不准到别村去，这样，全区秋天多锄了二次。（按：提倡多锄是好的，但要耐心向群众解释说明，上述这种带强制性的方式，似不宜再用，以免引起群众反感。）

为了适应群众需要，南区组织纺织合作社和药社，石区长完全以自愿入股办法，建立成功。这个合作社是放花换线，贱卖给群众织布；又抽少数股金，买些药品，由一个懂得医药的退伍军人，带上药包，遍走全区给群众治病，因此群众很赞成这个合作社。

1945 年 3 月 10 日，第 2 版

延长四区五乡新任乡长强调民主作风

四区在春耕动员中派干部下乡，大家都不愿到五乡，因该乡干部调不到乡政府来。此次焦区长亲去五乡，研究出干部不积极的原因：乡长做事独断独行，作风不民主。如文书姜树林说："马乡长对上边来的指示，不向别的干部转达和研究，自己看了就交给我挂在墙上。"干部纪行山同志提出："他做什么不和大家商量，工作做的对不对别人不能提意见，我常想，既是这样，乡上有你一个人就对了，何必要别的干部？所以开会我就不愿来。"如过去分配股金时，李树会从区上开会回来告诉乡长说每股五十元，乡长错划为三千元，以后自己硬不认错，还和李吵了一架。因此使李树会觉得："做下好的是马乡长的，坏的就是自己的，于是工作便消极起来。"新任乡长李国花会中提出定要接受这些经验，办事和大家商量研究；干部们也提出今后要按时到会，工作积极。且事实已经证明，如过去姜文书每次回家，非派人去找就不回来，其他干部也是一下农村就住到自己家里。这次春耕动员中，经焦区长帮助，就没发生这种现象。

1945 年 4 月 10 日，第 2 版

关中中心区二乡副乡长学习报纸提高能力

赵明同志报道："耕读结合"，这是关中中心区最近总结春耕时，奖给薛鸿彬同志的一面奖旗上写的四个大字。薛鸿彬同志于四四年任中心区二乡副乡长，去年选举时被选连任，他的工作作风上最大的一个特点，便是善于利用报纸。向报纸学到了办法，去推动工作。因此。虽然他工作的历史很短，但工作能力因此逐渐提高。

今年春耕运动开始时，他就和正乡长柯玉彬同志分了工，每人领导半个乡的生产。薛鸿彬同志更好地利用了报纸，他选定于村为典型村，亲自去组织搭工组，并与双柳街村进行竞赛，结果战胜了双柳街。

在春耕开始时，他就利用午饭前后的休息时间和晚间给于村的群众读报，在开始时，每次听读报者只有四五个人，现在每次已增至十四五个人，他们听了报上深耕浅作的劳作法后，耕地时都比往年耕深了五分多，听了卫生常识后，家家讲卫生，勤垫圈，全村增加了八百驼肥料。

薛鸿彬同志还大胆的尝试了关中报上介绍的用橡子壳染布的方法。他抄写了几份，分发给群众研究采用。有些人还怕把布染坏了，不敢用。于是他亲自动手去试验，结果成功了，而且染出来的颜色很好。这样群众才染开了。外村的妇女也把布捎到于村来染，薛鸿彬同志就把这个方法宣传和推广到附近的几个村庄。为使群众注意卫生，以免生病耽误生产，便将全村的妇女召集起来，将关中报上的卫生常识念给妇女们听，并加以讨论，然后又首先从自己家里做起。现在他家里已讨经开了烟囱，改修了锅台。全家不喝冷水，不吃生菜，并经常到各家去检查，他发现寇忠权和黑狗娃等五家还喝生水，经他再三解释后也不喝了。

1945 年 6 月 4 日，第 2 版

昔东六区帮助村干部认识新作风

昔（阳）东六区游击区工作基础相当薄弱。该区在三月间召开了一次村干部会议提出"改造旧作风，树立新作风"，但是开过会后，工作

反而更消沉了。贾家庄的村长和公安员说："旧作风不能干，新作风摸不见。"这代表了一般村干部对新作风的神秘观点。区长田元福同志看到这种情形，在大瓦邱村开了一次干部会，检讨其中原因，发现了许多问题：

（一）有些村干部觉得当干部是个负担，因而工作不起劲；

（二）村里分工不明确，有某些来系统的干部，不知道自己该干什么；

（三）村里工作常常是临时抓一把；

（四）恐怕犯错误；

（五）有些村干部怕得罪人，不敢负责；

（六）不知道究竟什么叫新作风。

针对好些问题，领导上采取了两种新的领导方法：第一用点滴经验教训，来教育干部做完一件事情，就和村干部在一起研究，为什么成功，为什么失败？用现实的例子，让干部体会新旧作风的不同。第二遇事和村干部商量，发动他们自己解决问题，克服代替包办。做一件事情以前，先让村干部报告与分析情况，提出处理的办法，然后再提出自己的指导意见，和他们说通了，就放手让他们大胆去做。这样就可以提高新干部的威信，锻炼他们解决问题的能力，又能减少区上事务化的作风。这些新的领导方法实行以来，村干部的头脑开始清醒，都觉得工作有了办法。

1945年7月18日，第2版

区上应建立一个制度，有计划的解决下级干部问题

季　委

编者按：改造干部工作作风的基本方法，应当从了解干部思想上和作风上的实际情况出发，而了解情况又必须抓住典型，仔细研究，在一个地方取得经验，然后推广到其他地方。希望各地负责同志对于这一重要问题多多提供意见和经验。季

委同志这篇文章中所说的一种经常制度，在实行上述基本方法的条件下，可以当做辅助材料之一。

编辑同志：

在每次检查工作的时候，都可以明白的看出来，那里的干部好，工作就好；那里的干部差，工作就差。而且，那些工作比较差的地方，差不多每项工作都差。为什么总是比较差呢？就是那里的干部有问题，工作做得不算好。为什么干部有问题，一直从春天拖到秋天呢？我认为有值得研究的地方。

拿区来说吧，那一个乡的干部有问题，区上的负责同志，大概是知道的。但是怎样有计划的来解决这些干部的问题，就做的很不够。工作是一项一项的向下面布置，要下面完成，一项又完成两项；每次向下布置一项重要工作，区上常常要派一个人下乡去帮助。这个下乡帮助工作的区干部，常常是抓紧这个乡干部，督促他按期完成任务，抓紧的办法，又常常是包办和代替。工作完成了，这个区上的同志也就回去了。关于这个乡干部究竟有些什么问题，这个区上的同志，就很少向这个乡干部研究和讨论，设法帮助他解决问题，使他工作得更好。

我认为，这是一个思想问题，就是有些区上的领导同志，没有很明确的认识清楚：工作主要是靠下级干部来做，只有有计划的研究和解决下级干部所存在的问题，帮助他、提高他，使他慢慢的能积极的独立工作，使他在工作中不断进步，这才是领导工作的成功。因此，区上干部下乡，应该了解干部、研究干部、帮助干部解决问题，应该把这些工作也当成最重要的工作。至于上级布置的这次工作，当然要督促完成，但是督促完成的方法，不是简单的看管着他，催促他去完成，不是代替他去完成，而是研究他心里有什么问题，帮助他解决这些问题，启发他工作的积极性，使他自己负责的来完成这项工作。如果这个乡干部的问题大，还不能马上解决，至少总要多了解一点，多同他研究研究，使他知道，上级是在关心他，是在想办法帮助他。而区上同志呢？这次没有解决，回到区上以后，也要提出来研究，想出办法，下一次如果调换另外一个区干部到那个乡，还要告诉这个区干部，应该继续了解和解决这个乡干部的问题。

所以，我提议：区上应该有一个研究干部和提高干部的制度。第一，制一个干部表，先把各乡几个脱离生产的干部写上，凭过去的了解，一个一个的研究一下，在表上写清楚，那一个干部有缺点和困难，那一个的缺点和困难最严重，究竟是些什么缺点和困难。第二，区上的负责同志，应该下决心，首先要解决那个缺点和困难最严重的同志，自己实在解决不了，也可以请县上帮助解决，总要解决，不要拖。第三，每次区上同志下乡，应该明白的提醒他们，要他们也做了解和帮助乡干部的工作。比如，王同志到三乡布置夏征，区上就要告诉王同志三乡乡长家庭困难，影响他工作不安心，在这次下去，应该具体了解他家庭情况，从他本人，从他家里，从群众中来了解，和他们研究一些解决的方法；能解决就解决，不能解决，应该研究出不能解决的原因。王同志回到区上来以后，区上不只是要他汇报夏征工作，还要他汇报三乡乡长的情况，要把这些新情况登记在那个干部表上，要想办法解决。第四，每次总结一个工作的时候，也要总结各乡干部的表现，那个有进步，那个没进步，那个又发现什么新问题，究竟是什么原因等等，也要把这些登记在干部表上。同时，可以实行明确的奖罚制度，但是这个奖罚制度，不是简单的鼓励和批评；鼓励谁，要从工作作风上，从工作办法上说明你为什么好；批评谁，要研究他做的不好的原因，要帮助他解决困难，要鼓励他改正错误。

我认为，只有这样有计划地研究干部和提高干部，才能把工作提高。区上的干部帮助乡上，乡上帮助村上，使我们的基础更加巩固。

上面这些意见，对不对，希望大家讨论。

1945 年 9 月 20 日，第 2 版

甘泉县委检查干部作风

此间县委会曾将半年来的干部作风进行了检讨，认为新的工作作风，自去冬干训班后，已收到了部分的效果。如批评与自我批评的精神有了开展，一区在县级干部的帮助下，曾召开了七天会议检讨工作，检讨了过去拿群众的卖粮钱做生意的错误；三区区长区书，并在高家哨的

村民会上批评自己骂群众的不对；二区三乡刘聚金同志，在群众会上批评自己过去的缺点，并由群众向乡政府提出了十一条改造工作的意见；四区五乡乡长封生德，工作很坏，在干部的主持下，在群众会上进行检讨，经群众提议后，予以撤职。在为人民服务解决群众困难的新作风下，四区干部春耕中解决了农村劳力缺乏的困难，二村干部解决了农村的病疫问题。但在依据群众自愿与需求原则的执行上，也曾发生了几种偏向。有一部分干部，认为自愿的原则要掌握，上级给的任务也要完成，但没有办法做到自愿，于是采取哄骗群众的办法，如动员儿童上学，群众不自愿，便对群众说："把娃送去，到明年退学也可以。"但当学生到校之后就不然了。还有的是将群众不自愿的事情推在上级身上，如说："这是上级让叫做的，不做不行。"有的是借口群众不自愿，而放弃工作责任。

在县级机关的领导作风上，存在下列主要的缺点：（一）下面检讨了很多缺点，没有想出克服缺点的具体办法，加以指导。（二）有的干部检讨了缺点没有认真改正。如一区干部捆绑群众的现象，反省是一回事，改正又是一回事，领导上未能坚持执行，将他反省的精神贯彻到实际工作中去。（三）对转变好的干部，如二区二乡支书白富同志、四区朱秀成、袁存周同志等，未能注意扩大宣传表扬，以推动其他干部的转变。这些缺点，要在今后工作中改正。

1945 年 9 月 28 日，第 2 版

具体了解和帮助乡、村干部

今天本报登载了两个关于区、乡干部工作问题的通讯，很值得乡、区领导机关注意研究。

从这两个通讯里，可以看出在乡、村干部的工作中，的确存在着不少的具体的困难问题，其中最主要的，第一是干部的误工和家庭困难，特别对于那些不脱离生产的乡、村干部。例如在记"鄜县一个乡长的谈话"一篇通讯中，具体反映了鄜县城关区三乡王乡长在工作中有许多困难需要解决。他家里四口人，没有劳动力，家里种了十几亩地，还有打

柴、挑水等家庭琐碎，都要他在工作中抽空去做，因此受到家庭的埋怨，再加上他本人不识字，工作又多又复杂，实有难于应付之感，因而影响工作情绪。另外一个重要原因，是干部工作能力的问题。我们的干部都是从群众中、从长期的实际工作中锻炼出来的，因而他们具有着不少的实际工作的经验，但是边区的各种建设工作一天天的提高，同样的工作在新的情况下必须用新的方法去进行，而且差不多随时都会有干部过去没有经历过的新的工作产生，对于这些新的工作、新的办法，因为我们的乡、村干部文化水平较低，如果县、区领导上再不能给以及时的具体教育和帮助，势必使得乡、村干部“寻不到做法”，因而苦闷，影响工作。比如去年各地冬训班都一致的提出了反对强迫命令的作风，这在今年的实际工作中的确收到了不少的效果，但是如何用说服解释来达到群众的自愿，不少干部感到缺少具体办法，因而感到工作无从下手，因而感到工作难做，因而在某些地方形成了自流现象。在一部分乡、村干部中流传着这样一句话，他们说：“工作要三头受气”。即工作做不好上级批评，群众责备，误工太多了家庭埋怨。这不是一个很大的问题吗?

根据上述情况，我们认为，“柳林区委怎样帮助乡村干部”中所介绍的延安县柳林区的一些办法和经验，值得各地学习。首先他们区级领导机关注意了解和研究了这个问题，并能根据各干部的具体情况开始初步的帮助他们解决了一些具体困难。他们对于干部的家庭困难不是不管不问，也不是只简单的叫他“打倒家庭观念”，而是从思想上和生活上具体的找寻解决办法，例如他们实行了“行政村工作制度”，使不脱离生产的干部不致因误工太多而影响家庭生活，对于家庭有特殊困难的干部他们借给粮食解决困难，对于某些害病的干部他们设法替他医治并派干部去看问，同时还针对一些思想有毛病的干部，找他们个别谈话，提高他们的工作积极性和责任心。“但是这样还不能够完全解决一部分干部不愿工作的问题”。该区领导同志又研究出必须具体的帮助乡、村干部掌握新的工作方式和方法，才能解决一部分干部因“寻不到做法”而影响工作的问题，于是他们决定每一件工作开始前，区上干部首先进行讨论和研究（这一点很重要，如果区上干部事先不能好好研究，则无法帮助乡、村干部），然后再到各乡帮助乡、村干部进行工作。因此他们能够帮助克服了四乡孔家沟备荒工作的自流现象；帮助四乡建设主任姬生壮学会了动员备荒的方法，结果使二十里铺的群众备荒工作发动起来；帮助四乡支部建立了明确的分工制度，使一个刚提拔起来的支书慢慢学会了领导支部的方法。此外要提高乡、村干部，还必须好好的帮助和组织他们特别是乡级干部进行学习，并注意提高他们的文化（这一点，在这篇通讯里没有提到）。

我们所以特别介绍柳林区委帮助乡村干部的经验和方法，并不是说他们已经做的尽善尽美，因为在他们也还是开始动手做，初步的得到了些经验和成绩，今后还需要更努力。但他们的这种精神和已经实行的某些方法，很值得其他各地县、区领导干部学习。我们希望这几个问题能引起各地同志的研究和讨论，以便通过这次选举运动，能更多的了解乡、村干部，并想出更多帮助他们的方法，以达到真正的改进工作和转变作风的目的。

1945 年 11 月 12 日，第 2 版

吴旗一区干部会上，讨论发扬民主工作能不能做通

在一区第二次支书乡长出席会上，大家研究“发扬民主，工作能不能做通”的问题。二乡支书说：“这次我们动员担架队，在乡干部会上决定一村刘玉祥去”。我到了刘玉祥家，就对他说：“上次动员你跑路，你没去，这次动员担架，你一定要去！但是，刘玉祥却说：若要叫我去，非你绑拉不可！你们说，对这些人应该怎样办?”另一个支书说：“这些顽皮家伙，应用法令制裁；不用法令，今后甚事也作不成了!”大家都同意这意见。但是，区长说：“你们好好考虑!”大家就问二乡支书：“你当时怎样处理的呢?”答说：“当时我看这人非绑不行，就到区上和区长讨论。区长说：你好好解释看！我说：我已再三解释过了，但他就是不去。区长说：他要不去，心里定有些意见没说出来，你详细解释后他会去的。”“你第二天去怎样动员的?”大家赶着问。二乡支书说：

"第二次去，我又仔细的解释了一回，还征求了他的意见，才知道他不愿意去，是嫌不公平。他说：有许多人修路也都没有这些人，有两三个劳动力，劳动负担上几乎都没有出；为什么不叫他们去，就叫我去?!我听后马上承认错误，我说：你去，日后一定要照顾到你这一点的，他就痛快的去了。"可是，大家还有些争论，后来张乡长又说了一个发扬民主，工作做的很好的例子，大家的认识就闹一致了。

1945 年 12 月 12 日，第 2 版

吴起一区区级干部反省后　启发乡干部检讨自己

古历八月十五，一区召集乡干部会议布置选举，因为区级领导干部没有很好的反省，所以会议开的不热闹，只有很少人作了反省。以后下乡工作了，很多乡村干部在各村的群众会上不作反省，群众也不敢批评政府。有些干部都认为反省以后，丢了脸，失掉了威信。区上发觉以后，又在十月初二开第二次乡干部会议，因为区上干部还不先反省，还让乡干部作反省，所以直开了一天，会议情绪还非常冷气。晚上，区书、区长召集区干部研究怎样才能把会开的好，大家才认为区上应该先做反省，才能启发乡上干部。第二天，区书赵俊斌同志就在会上检讨了许多问题，如群众归还仓库公粮，仓库主任不记帐，区上反批评乡干部不负责任；成立民办社，硬拉群众的驴子，以后又推给乡上领导，区上再不管；民办社垮台了，又批评乡干部；还有解决案件闹错了等问题。以后，区上干部也都反省，三天会议就开的较好。

1945 年 12 月 16 日，第 2 版

柳林区委帮助乡村干部的成绩从何而来

按：《柳林区委是怎样帮助乡村干部?》本报十一月十二日二版通讯（何永清、张钱夫作）中已有详细报道。为什么柳林区委会出现这一工作呢？这些成绩从何而来呢？区书尹登高同志作了如下补充：

（一）去年冬训以后，区委领导同志在思想上更加强了为人民服务的精神，对于工作比过去更有热情。这样，才能推动自己不断钻研问题。比如下乡工作，不是所有同志都具有这种精神；直到现在为止，区上还有一些同志，是出于应付上级任务，到某一乡去，心想只下乡一次，以后说不定到另外一地去了，因此对这一地的情况，就没有决心去认真了解研究，去发现与解决问题。

（二）对下面工作的认识，不要以为“我是上级，这次下去，就是去帮助下级”，这样想，就会阻碍自己深入向农村学习。下乡一次，要抱定学本事的想法，下面可学的东西多，有理论、有实际，顶在学校学习。比如春前组织扎变工很困难，组织不起来。后来下了乡去，和几个人闲拉，才知道今年情况不同，粮食贱，劳动力缺乏，要以去年大变工的形式来组织就行不通。因此研究结果，采取小变工形式或不拘形式，或三五人小组织，谁愿意干和谁组队。这样才把扎变工队组织起来了一些。又如备荒中，开始只注意节约，未注重生产，以后下乡去才想到应该组织人民多种东西，增加收入，才符合上级指示的“耕荒应以生产为中心”的方针。又如：民间纠纷可以多放在农村中让人民自己解决，这是地委书记李景膺同志在选举训练班大会指出的。这次我下乡去做选举工作，试验这一方法，在新峁台解决几件纠纷问题，觉得这办法确很好。这样，在下次工作过程中学会一些本事，才可能以此帮助旁的同志。

由于区上领导同志对下乡工作有这样正确的认识，因此他们经常下乡。今年从二月到七月，六个月内，尹登高同志就下乡九次，马区长下乡八次，下乡的时间约一百二十天，在区上的时间只约四十天。

（三）一个问题自己应先要多研究，然后多和同志们商量，看自己想的办法，能不能真的行通。如要多种庄稼，尹登高同志有次和马区长去看戏，就闲谈这事，认为备荒工作的缺点是偏重了节约。两人意见一致了，然后才召集区上干部开会谈一新的办法。又如二乡实行“行政村工作制度”，调换年老残疾及工作老一套、不大开展的干部，这些都是和二乡的干部研究后做的。

（四）领导干部对下级干部要有充分的群众观点，要将心比心，要设身处地去体会下级干部的心情和困难。使下级干部知道上级“眼界”，看得出下级的心，了解他们的心。尹登高同志照顾有病的干部。比如他自己在三九年得病时，很想有人来看他，这种心情，他自己能体验到，因此下级干部有病他就很关心。尹登高同志自己当区助理员时，也是常感觉到缺乏办法，但怕批评，不好意思去问上级，现在他就能体会下级干部这样的心情，教他工作解决，慢慢和他们拉，鼓励他说出困难，采取少批评、多教育的方式，即使工作错了要批评，也一定指出干部为啥那样做就不好，究竟怎样做才对。这样干部就能得到教育，也得到安慰。

（五）注意读报。报纸能提醒自己，又能对照自己。比如今年五六月，报上发表了西北局关于备荒工作指示，其中曾指出“谁不重视备荒，谁就会在政治上犯错误。”尹登高同志经常记住这话。在没接到县上指示前，就预先召集指导员讨论过。又如群众报登的选举知识，指出：区委在这时候应以研究工作，进行选举为目前中心工作。这样一提醒，我们就在区委讨论，以后又组织农村支部讨论，在选举之前，特以此教育干部。又如解放报登了张铁夫同志的“从一个指示看到的一些问题”以后，尹登高同志就说过，应该好好对照自己，看自己有无这个缺点。以后又曾将区上发给二乡的一些指示信，带了回去研究。尹登高同志还说，有些日常工作，自己还不知究竟那个问题重要，一经报纸指出，就更能留心了。

这些只是柳林区自冬训以后慢慢摸索出来的一些经验。有的已经作了，有的比较做的有成绩，有的则只是开始，还需要坚持下去，继续发扬与贯彻指示。

1945 年 12 月 18 日，第 2 版

梁洪壁为啥消极了

金　枫

梁洪壁，老家在绥、米，民国十四年搬到延市西区一乡的庙嘴沟居住；他分过土地，受过革命的好处，现在种着一头牛的庄稼，养着二十

来头羊，经济上是个富裕中农。

土地革命不久后，梁就参加了工作，当过自卫军班长，乡经建主任，村长等，在今年的乡选中他才落选了。

梁是个好劳动。前年和上前年，曾经被选为市劳动英雄。他的婆姨也是个劳动英雄，能纺会织，夫妻俩都是好劳动，去年以前梁的工作是积极的，前年庙嘴沟组织变工队，闹得很红火，他起了作用，一乡乡长说："梁洪壁有一个时期曾是四区干部中最积极的一个。"在大前年梁曾是一个模范村长呢。

但是从去年以来梁的工作就消极下来了，开会常不来，庄里的事也懒得管，他自己就说："嘴打瓜吵的事，能避过的咱就避过不管，人家寻上来了，咱就管一下，事情多一点，咱就说：'你们就说你们就到乡上去吧。'"在今年的选举中，他就不管事情，庄里有些人要赌博，他知道了也没有向上级报告，庙嘴沟选举乡代表时，有人提出他当候选人，他就马上瞪眼睛，显得很不高兴，等到他一落选，他就欢喜起来，他曾经对人说："多出点公粮不要紧，不做公事安安稳稳的。"在思想上和实际工作中，梁洪壁的确比以前消极了。

为什么会消极呢？先听他自己的意见吧，他说："咱们嘴拙舌笨，说服不了农民，咱到乡上布置讨论工作，回来就只管照顾生活"；"咱就只会向人家要，前二年人家还肯听，年时人家就一点不听了"。为什么群众会不相信他了呢？根据他自己和乡长、指导员的意见，有下列几个原因：

一、大前年庙嘴沟动员警察，梁到区上开了会，接受了任务，回到村上后，不敢把事情说明，只跟被动员的人说："你明天到区上开会。"人家第二天去到区上，才知道是动员警察，人家心里很不高兴，觉的当警察不要紧，为什么不把事情说明？以后谁还相信他的话。

二、前年春天组织变工队，梁向人动员说大家组织变工队开荒地，秋天公粮会减轻，结果到秋天全村公粮减了九斗来回，不像大家理想的那样减得多，群众就有说他坏话的，觉得他的话信不得。

三、其次，据乡长指导员的意见，还有以下几个原因影响了梁的积极性：

梁当劳动英雄时曾经在市上开了两次会，第一次开了十多天，他开会回来时，见到自己的荞麦被冷子打了，损失好几石，心里很不痛快。第二次也开了十多天，家里的庄稼割倒在场里没人背，又损失了一些。

前年征粮，乡上干部对梁在庙嘴沟应负担粮户的调查不太相信，和他“斗”了一下。

梁的婆姨扯她的腿，怕误工、管饭、惹人，还几次对上级说：“把他换了吧，家里没有人管。”

梁是个很注意生产和他个人经济发展的人，几年工作中看到人家经济发展，就想摆脱工作，专心发展自己，光景越好，越想发展，越怕担负工作。

乡上对梁的帮助少。比如梁自己就说，他不知道自己怎样教育党员。

以上就是梁洪壁消极的原因，这里一方面反映他自己工作缺少办法和思想有变化，想摆脱工作，同时还牵涉到上级的对下级的照顾、帮助、培养等问题，这是大家值得注意研究的。

1946 年 1 月 29 日，第 2 版

领导作风简报

志丹（县）新任县长下乡领导春耕

新任县长赵玉文同志，于本月十三日亲自率领县、区、府干部十余人下乡，选定一区一乡麻池平、柳树坪两个好坏村工作典型示范。柳树坪五家没吃的已进行互相调剂，五个二流子已找到职业。如刘长福是个石匠，就劝他参加志丹陵，其余亦给人家填了工。

劳英陈德发宣传种粪好

安塞劳动英雄陈德发，善于具体说服群众生产，最近在春耕动员会上，他又生动宣传了农作法，他说：“我自己行行都有，件件不通，比方安厕所，我过去没有见过哩，就不想安，现在我看要吃米面就在厕所里”，大家都笑了。他又说：“地里不上粪那里能打上粮食，你们有新瓦

更好，如没有的话，破瓦或石板套成粪坑，用猪血泥糊住，保证能集粪，这办法是我在县参议会上学到的。牲口围起来，圈垫干，这样，牲口没病又能集粪，地畔上的土刮到地里也顶粪，地里要挖水道，免得水聚。”他还提了许多办法对大家很有帮助。

村长和劳英亲密合作

安塞五区高家湾村长李承伦、劳动英雄徐凤玉、积极分子李金花等亲密合作，领导生产，去年冬天就组织了全村人砍柴拾粪。新年中，他们三人又商量好，准备了两桌酒饭，请全村十四个劳动力吃了一顿饭，同时讨论了今年的生产，有的人提出吃粮牛料等困难，徐凤玉和李承伦答应给他们调剂。十八日全村九头牛都上山翻地，现在已种了麦子廿垧。翻过熟地廿五垧，棉花地也都翻完。

徐区长天天跑农村

安塞四区徐区长，目前天天跑农村动员春耕。三月十日徐区长二乡兔儿川，二流子王金福没办法生产，家里没有牛，没有农具，没牲口，又没草料。徐区长召开群众会讨论，由劳动英雄吴照俊和赵生华帮助王金福解决一部分困难，最后徐区长说：“牲口草料我给你想办法，再借给你一把锄头”，现在王金福已参加变工队，每天砍七十斤柴，区长常去检查。

党员积极份子分头领导变工

延川万居区的几村党员和积极份子，在春耕中起了推动作用。全区已组织起六个扎工队，有三十八个人参加，均为党员及积极分子所领导，现已开荒十八垧。杨家坪党员杨思孟，为了推动群众的生产，早在正月廿日前后就开了一垧半荒地。太相寺六十三户人家在党员的发动下，均于正月底出了牛，现已翻完了十八垧棉地。

1946 年 3 月 27 日，第 2 版

定边六区干部少做一般布置，多想具体办法

六区干部开始用新方法动员春耕，他们到农村不空口宣传，而是先找积极分子拉话，推动他们去宣传组织群众，如到二乡四村何天池庄，

首先找村长田生福，积极分子王彦平拉话，他两人提出打水窖，王会打。区干部便建议他们变工打，两人都赞成。计划打两个，开村民会时，他们提出这个计划，影响何惠贤与何惠孝也自动提出以牛变工种庄稼。干部到五乡姬塬庄调剂麦种时，事前叫积极分子赵生书调查，看谁缺乏籽种，看谁有长余，然后开村民会，发动村民劝存籽户给没籽种的人调剂。他们也能按各庄情形，看什么重要，先搞什么。不一般布置样样都做。如二乡三村刘拐沟，赵窑子等庄大部分，群众开店铺，群众说："这里土质不好，不能打水窖。种地不多，都有籽种。主要问题是来往脚户走路不便。应该把断了的路补修一下，人牲口缺水吃，把水泉淘一下就行"。他们便根据这个情况，专门研究修路，淘水泉等。他们布置工作时先和群众酝酿商量，不强迫布置。如县区干部认为山地可挖水沟，修梯田，于是便向群众宣传。可是好多群众由于没得过利，故一致说："办不到，都是山地，到处是壕，水往哪里改呢"？好的乡村干部也没信心，区干部随即采取个别研究态度。组织个别乡村干部试行，取得经验。由于以上原因，短短十二天中，给四十二户农民调剂了十一石籽种。八千斤牛草，并组成了十五户变工送粪，修水壕的工程也动起来了。

1946 年 4 月 17 日，第 2 版

清涧干部在春耕中三种工作作风

据清涧县委书记赵景丰同志谈，该县干部在春耕中，表现有下述三种作风：

拿得出具体办法

一种是拿得出具体办法：如城东关三乡陈家河村朱德富，一垧地都没有。长年就是给人揽工。区委宣传科长就和他的亲戚商量，如何才能帮助他建立家务。结果，由本村人拼凑了十二垧地。又拼凑出三四垧荒地，给他自己耕种。没粮吃，介绍到镇上，给了他二斗救济米；本村王成国借给他二斗黑豆。没牲口，由王成国、陈凤其和他变工，一个牛工顶一个人工。当时种豌豆赶不上了，又由宣传科长和王成国商量，叫他

帮王送粪种黑豆，允许他在王的黑豆地里捎种一垧黑豆。以后两人锄草，各收各的庄稼。朱德富经过这样具体的帮助，兴奋极了，向人说：他以后一定更加努力生产。大家也高兴，全村生产情绪亦因此而提高。县府四科长，在去冬冬训以后，对生产工作很积极，今年到城关二区去领导春耕，沿途见桑树和枣树不大，他就在政府亲自种了一棵枣树，叫群众来看。种完以后，又详细的把种了以后枣子能结大、好吃的道理讲给大家听。以后有几家老百姓就来请他去教种树。他父亲又教会自卫军营长，然后营长下去教群众，使好些老百姓都学会了种树的方法。

满腔热情　束手无策

第二种，虽然自己满腔热情，可是一遇到困难就束手无策，比如召开动员会，遇着会上有几个人说上一点泄气话，群众一松劲，自己也就没劲了。比如王家沟区，干部下去订计划，全区只订了两户，干部回来说行不通，自己说的还不如群众。

这一类的干部较多，也正是要县级领导加以重视的迫切问题。

架子大　不下乡

第三种，不积极，推工作，如县上自卫军大队副，到解家沟去领导春耕，区上给他分了一个乡，他不愿下去，说自己是县上来的，是“了解情况”，“掌握全区”的。

这类干部，需要从思想上多加教育。

1946 年 5 月 5 日，第 2 版

鄜县干部领导春耕中　群众厌弃老一套作风　转变后处处解决困难

春耕开始时，本县领导上存在着严重的老一套作风，几次干部下乡，仅是做了一般的传达，追求形式。比如张村驿区有的乡普遍的订了村民公约，第一条都是写着：“圈猪，禁止牲口吃庄稼”，但本村的猪、牲口仍然乱跑。群众说：“就是那一套，顶啥哩！”后来在报上看到西北

局习仲勋同志“具体解决春耕中的困难”的文章，所以又第三次派干部下乡动员春耕，帮助群众解决具体问题。比如永平区二乡老任没粮吃没法生产，干部便给他借二斗义仓粮，王海儿没有粮吃，县长左光儿劝说田正坤借给王粮食五斗，其他地方的吃粮问题也都用调剂互助的办法解决了。城关区用各种办法调剂棉地，如提倡群众在阳台上种或租种等办法。如强生云没有地，县长就帮助他租了杜文秀两亩聂兴财一亩。还有用兑换的办法，刘发亭用阴川地换了两亩阳川地种棉花，解决了土地问题，全年种棉花就超过两百多亩。县委组织部长贺崇亲自帮助牛武区群众种了一百多亩棉花。永平区永川府乡十二户人病了，乡长便说服王贤福等六人帮助有病户种十二亩五分棉花，病好再给他们还工。太乐区区委宣传科长天不明就叫群众上山。二乡乡长高凤山亲自领导锄麦班上山锄地，并且把自己三天的工钱，奖给好的变工对。大升号区三乡乡长张云亭经常去检查二流子，二流子孙林娟提出没粮吃，张乡长限他一月砍够九十捆柴就给他解决困难，不久他已砍了七十捆，张乡长便发动群众给他借了二斗粮。给二流子张有富订计划时，他提出别人不租给他牛，张乡长说：“人家不租给你牛，因为你没有草恐怕把牛饿死。”以后便叫他七天割五百斤白草，张有富割了五百斤白草后，张县长便帮他租了一个牛。太乐区宣传科科长冰峰，二乡乡长高凤山，除给二流子侯来娃解决了生产中的困难外，并帮助他上山锄地，在做活中教育他，侯来娃感动的说：“我再不改变就不算个人了”。

1946 年 5 月 10 日，第 2 版

志丹安塞等县县区干部，利用报纸改进领导，各地皆应使用这个新的领导工具

重视报纸，利用报纸改进工作，这一重要领导方法，已为延属不少县区干部所掌握。在今年春耕中，志丹、安塞、富县、延安等县即由此大大改进了领导作风。志丹县级干部能“亲自领导一个区乡，做出榜样教育干部”，许多区乡干部能“切实帮助群众生产”，得自报纸的帮助很

大。但各地尚有一部分干部不大重视报纸，今后应学习使用这个新的领导工具。目前，延属地委宣传部召开的各县宣传部长会上，曾着重讨论到这个问题。

志丹县级干部已深切认识到报纸是推动工作的重要武器。二月六日本报登载边府建设应惠中权同志在记者招待会上的谈话“利用报纸推动工作”，县书王耀华当时即非常重视，就组织县委同志们学习这个谈话，检讨过去看报纸无目的和方法，没有和工作结合，看了报，也不进行讨论研究；大家决定今后看报一定要和自己的工作密切联系。从二月到现在全县一部分干部坚持着读报，县委同志养成了吃饭或空闲时间谈论报纸的习惯。安塞亦已开始注意这一领导方法，县委会把“柳林区委怎样推动春耕”介绍给干部学习，该县五区从正月到现在，已学了本报五十四篇消息与文章。

善于利用报纸的干部，就由此学得了许多新办法。志丹在讨论本报社论“前进一步”时，县书记王耀华向大家发问：“你们知道什么庄稼上什么粪?”一句话问住了大家，后来他们找到群众报上的“农业常识”，才了解开了。后来王耀华和组织部长及宣传部长都订了一本记事本，把报上的办法记下来，李耀众同志说：“我们未读社论前，只想把春耕动员一下就算了，读了社论，才清醒过来!”随后即派进过农业学校的尚云贵到三区领导群众植棉；又根据社论精神，给各区写了指示，二区接到指示后，古历正月十四日就下乡开始春耕工作，其后在区的组织科长联席会上将县上讨论社论的情形又传达了一次，于是，三区检查出四、五乡的春耕准备很差，宣传科长下乡只简单宣传了一下，并未解决具体问题。该区助理员到五乡，有七户无粮吃，也不想办法，后来根据社论所指示的办法，又派他去五乡用调剂的办法解决了吃粮。当该区读到三月廿六日本报所载延属专区春耕指“粮讨各县特点，提出生产中心”后，即讨论了该区的植棉工作，决定扩大棉地，调剂棉籽，结果超过原定任务（二百亩）一百一十二亩。

富县干部学习了三月卅一日本报所载西北局习仲勋同志的“具体解决春耕中困难”一文后，检讨出过去两次春耕动员，还存在着老一套、不看对象、平均摊派的工作方式，于是县级干部三次下乡，这一次收到很大效果，永坪、大发等区干部多能发挥具体领导作风，赤水寺因干部亲自修了一百多亩水地，大义区群众想要种棉没有土地，干部即向驻军调剂了四百多亩棉地。延县牡丹区一乡长李士才读了二九三期群众报所载吴满有乡解决春耕困难一文后，召集干部讨论了本乡的春耕。富县干部对调剂粮食大部原无信心，读此文后，柳林区干部即下乡积极调剂，吴满有乡干部并自动借出十八石粮食，一次下农村即调剂了一百一十四石。安塞五区读此文后，区书记郭存道第二天即出发二乡，九天中调剂了五千斤草，三石粮。该区读了报，未待县上布置就自动开展春耕工作。

学习报纸的方法，亦以志丹较好，县委发现报上对工作有帮助的报道时，就画上红圈，定为干部必读。然后将报纸分发到各区；对于重要的文章或指示，还推行漫谈讨论。并能根据其精神，按本县情况，进一步提出具体办法和中心，不是机械搬用。富县城关区学习方法是由一人念，逐段解释。延县姚店区为克服干部下乡流动的困难，规定由“站机关”（留守区府）的干部把报上重要文章标志出来，待下乡干部回来后集中学习。过去还有些干部携带与工作有关的报纸下地，随时随地抽空学习，这也是较灵活的方法。

1946 年 6 月 15 日，第 1 版

亲自动手

——下乡杂记之一

延国民

编者按：干部亲自动手，确实是一件很值得提倡的优良作风，但亲自送棉花和亲自给群众挖茅坑还是有些不同。因为把东西送去，群众还是高兴的；而为群众挖了茅坑，群众就不一定在茅坑里去大便，四三年有些干部亲自给挖茅坑，群众当时只是不好意思，也勉强跟着干部挖茅坑，但干部走了，群众还是不满意，认为干部多事，茅坑挖好后，也不去大便。这中间的道理就是这个亲自动手为群众挖茅坑的干部还是没有把给群

众安厕所积肥的道理说清楚，没有使群众真正懂得这样做的好处，所以亲自动手，还要有加上一个耐心说服、用事实教育。

为了积粪施肥，以期达到增产粮食，是改良农作法的相当重要的一项。特别是部分地区，群众不习惯安厕所，有的群众因受迷信思想的影响，唯恐厕所安到“太岁爷”的头上，会受到“神神”的责问而死人。因此要做到积粪施肥，普遍发动群众安厕所，光用一般的宣传动员，是不能解决问题的。

如安塞六区二乡，在春耕动员中，发动群众安厕所，不只是在村民会上，由乡干部宣传了一下，就算完事，结果在区政府第一次的检查会议上，发现该乡群众极大部分仍然没有安厕所。因此在会议上，区长魏永升同志，即提出了亲自动手帮助群众安厕所的问题，当时，有的干部认为“不好意思”，唯恐群众“笑话”说：政府干部连老百姓拉屎的事情都要管啦！替老百姓安茅坑哩！还有的干部用一种不正经的借口推辞的说法：挖茅坑、打扫院子，是犯了错误的惩罚，叫老百姓认为咱们是犯了错误吧！

魏永升同志，为了以实际行动来教育这里不正确的认识和说法，因此他亲自到二乡去帮助这个工作。当他到了薛家沟村，发现该村十一户人家，只有三个厕所，还是过去安的，于是，魏永升同志即和村民卢怀功、薛五、卢怀保等三家的家里人，商量好安厕所的地方和用的瓷缸，协同指导员黄福加，亲自挖土坑、背石板，当安好了卢怀功和薛五两家的厕所，又开始给卢怀保家安的时候，卢怀保从地里回来了，看到区长给他家安厕所，抱歉的满脸发红，连忙让魏黄二同志回家休息，自己来安，魏同志为了不使他抱歉的太厉害，连忙一面给他解释，一面帮助他安好了厕所。其他农户因受感动，亦于当天下午安起了厕所。他一连走了三个村庄，亲自帮助群众安了六个厕所，推动了其他十八户没有厕所的人家，也都安起了厕所。

魏永升同志，这里亲自动手，具体帮助，热心服务群众的优良作风，不但教育了乡干部，也使他们懂得推动工作的方法，同时也推动了群众。这种优良的作风，是值得表扬的，是值得我们县区领导干部学习的。

此外，在今年的春耕运动中，还有不少的区干部，充分发动了亲自动手发动推动工作的作风。如二区区长拓斌亮同志，为了帮助该区二乡楠宋塔郭文功等调剂麦子，曾向离该区十里以外的陈子沟调剂得一斗籽种，并捎着送去，与三家公平分种。又如一区助理员高仰成同志，为该区一乡延河湾缺少棉籽的童生秀，亲自从区政府背了十斤棉籽送了去，解决了童生秀的困难，当现在正是棉苗茁壮，发青滋长的时候，童生秀只要看到自己的棉花，就记起了为他背送棉花的高仰成同志。

1946 年 6 月 20 日，第 2 版

区干部固定领导一个乡

——延县柳林区改进领导方法之一

谭　吐

今年，延安县柳林区的春耕领导，在区干部的分工上，有了一个新的改进。

往年，区干部各乡都跑，每次下乡时间也较短，因此，干部每次下乡，往往只能是传达、布置、突击一下就回区了，他们不能熟悉当地的情况，工作自难深入、具体、细致。发现了问题，碰到了困难，不力求解决，商量往下推，以为我不解决，反正下一次总会有人来解决的。一个乡你搞一次，我搞一次，做好做坏，责任不明。偷懒的人，有口可借，不易受到应有的批评，想努力搞好的人，也不容易做出成绩。在这种情况下，工作责任心和竞争心也不容易加强。

今年，区上改变了这个情况，规定每个区干部固定领导一个乡，每个干部要自始至终负责领导该乡每一季节的工作。每次下乡廿天至一月，工作结束，回区汇报总结一次。这样，工作才有可能深入、具体、细致、加强责任心与竞争心。发挥创造性。

这种改进，现在已在一两个干部身上，表现出比较卓著的成绩。

区助理员吴光明同志，年纪轻，有工作热情。去年春耕时，他被分配跑过二乡、六乡、三乡、一乡，每次七天至十天，他就不知道搞那一

乡好。路远的五、六乡，来回得两天，下去跑了几个村庄，汇报时深追一下具体问题，即“一问一个不知道”，因而工作信心也不强，办法也少。今年春耕，他被分配领导五乡，却被乡上总结为全区工作较好的一个乡，他在五乡领导春耕，不怕吃苦，亲自参加到群众的生产中去，以身作则，影响群众。

他在佛道坪布置植树，怕宣传执行不开，就亲自动手砍苗，又积极动手栽，才推动了群众，全村植了五十多株的一座公共树林。他给周子贵盘了一晌谷槎，给乡长抓了半天粪种洋芋，给白凤才担过水，给周生海熏过果树虫。因此博得干部和群众的称赞，说他勤苦。他给二流子张进宝订了先砍柴的生产计划后，随时注意亲自检查，硬是看见砍够全年烧柴以后才放心。他在佛道坪组织起一个牛变工，下次下乡，就把四家人找来开会检查，发现牛力强弱不齐，马上就决定牛弱的要添喂草料、要好好喂养。漩水湾吃水不好，他会利用一件本村赌博的罚工罚款，给群众修了一口水井，解决了群众吃水困难。他对曹乡长一方面尊重他，一方面又鼓励他，每次回区总结一次，就把总结的情形，捎信给曹乡长，说出那点做得好，那点还不够，要去督促等等。三月二十日那天，写信叫曹乡长抓紧二流子张进宝，曹乡长得信后就去督促了三回。四月间，区上总结春耕，指出二、五两乡比较做的好，他就捎信告诉曹乡长，说曹乡长工作积极，已得到区上表扬，希望以后更好好干。五乡生产情况在报上发表后，吴光明同志就带上报在各村读报，提高了群众的生产热忱。凡此种种，与去年比较，勿论在工作责任心上、在工作办法上、在工作成绩的表现上，吴光明同志都有了改进。而改进的原因之一就是，区上在干部分工上，有了上述的改进。

每次在区上汇报时，或与记者谈话时，他都很兴奋的、滔滔不绝的说出他在五乡的工作情况，以及计划等，已不是去年“一问一个不知道”的情形了。

这种改进的情形，同样表现在区助理员孙存治同志身上。他今年领导六乡，对全乡情况比去年熟悉的多，他有整齐的表格，有日记。记者也和吴孙两位同志谈过，当问到今年春耕工作有何新的布置时，他们都异口同声的称赞这个改进办法：“这样一来，责任大了，工作也有了劲！”

不过，这个办法虽好，也应该防止一个偏向：即区干部经常领导这个乡，可能发生包办代替，从而更养成乡村干部的依赖性，不能主动工作，以致区上的人走了，工作也走了。应该这样认识，乡是一切工作的基础，一切工作都应该在县区领导帮助之下，由乡上自动布置计划与检查。区上派干部去，是领导，是帮助，是目的，是培养乡村干部独立工作的能力。如果区干部去包办代替，就会违反这个目的。因此，区级干部下乡，应该把如何帮助乡村干部，提高其能力，作为自己工作的一个主要部分。可以利用经常下乡的机会，做出榜样，教给乡村干部。又把工作经验结合起来。其次，还要防止抹杀乡村干部的工作成绩，不要把成绩都揽在区干部身上，而把缺点推给乡村干部。应该多研究领导上的毛病，以之教育乡村干部。

1946 年 6 月 21 日，第 2 版

老　一　套

编者按：从今年春耕运动中看，老一套的作风在很多地区大有改进，但在不少地区依然老一套，我们希望各县在这次总结春耕中，各级领导应下一个决心，对那些仍然老一套的区乡干部都进行一些更切实的帮助，研究其老一套的原因，针对着那个地区那个干部的具体情况，给以具体帮助，使他既知道老一套的不对，同时又知道如何做才是新方法。如果县级干部不如此切实帮助，只是批评他们老一套，作用就不大。我们希望安塞县级领导对这篇文章所提出的几个干部进行具体帮助，并把帮助改正的具体情形和改正后的新表现写出来。

在今年的春耕动员中，曾经涌现了不少优秀的干部，创造了很好的领导方法；但旧的老一套的工作方法，主观主张、粗枝大叶等现象，仍然在有些干部的作风上严重的存在着，需要积极改正，下面是在安塞县的春耕总结中看到的几个例子：

推广植棉、发展妇幼，是我们各级干部领导生产建设的相当重要的任务之一。在安塞县的春耕动员中，曾征求各区所需棉籽计量，二区区长，事先未经详细调查，即主观的断定该区棉籽够用，不须县府供给；但当时县府估计该区的棉籽是不够用的，因此决定发给该区棉籽八百余斤，除给群众全部散发外，到雨后种棉时，还有不少的群众感到棉籽缺乏，无法下种，以致影响该区植棉的推广。又如一区的区长亦是如此，主观的确定该区的棉籽够用，事先没有注意棉籽的调剂，因而直到种棉时期，还有不少的群众向县、区政府领取棉籽，只据该区二乡的统计，就缺少棉籽四百斤外，这对植棉工作的推广上，对该区人民经济生活的改善上，是一个大损失。

春耕动员，是一件细致而深入的工作，但有部分的干部，仍然是一般的宣传动员，突击式的开会宣传一下就算完事。如安塞四、七两区的自卫军营长，帮助乡上的春耕工作，在三天的时间内了，即召开了六个村的村民会。会上除做了一般的传达外，并没有解决任何问题。又如三区助理员傅丕效，帮助该区五乡的春耕工作，只到乡上召开了一次动员会，布置了一下，就算完成了任务，不再深入工作，当区府讲时，他即将五乡的各种生产建设计划的数目字，作为完成任务的成绩。

又三区四乡乡长郭生云，当区上检查各乡春耕工作的会上，因为该乡发动群众安厕所做的很差，只安了三个厕所，而其他各乡却做的很好，安了很多，于是郭乡长就将自己的统计表册上，将“三”字添成为三十三，当经区上指出后，郭乡长才承认了自己的不对，并保证以后安三十个厕所，其他干部即将郭乡长的这种做法，称之为“工作预算”。像这种“工作预算”的办法是要不得的，不是一种老老实实的工作态度，是急需改正的。

这些现象，我相信就不会只是在这几个干部、这几个地区存在着的，同时这几个例子的介绍，并不是专对着这几个地区、这几个干部的批评，而是希望我们其他各地的区、乡干部，能够根据上述的现象，很好的对照自己，进行检讨，将这些存在着的旧的缺点，积极不断的改造，以期提高干部，加强工作。

1946 年 6 月 22 日，第 2 版

如何帮助区乡工作

县级干部，下去帮助区乡工作的机会很多，特别是在每件大的动员工作中，如春耕动员，夏耘、秋收等，差不多每一次都有县级干部下乡，帮助区乡工作，但究竟采用何种方式，何种态度去帮助呢？这确是一个值得研究的问题。根据过去多年来的经验证明，大致上有三种方式和态度。

第一种方法：有的干部下乡，只是带了县级领导的指示或命令下去，召开一个区的干部会议，或是乡的干部会议，根据指示或命令的内容传达一下，然后将区或乡干部，推行具体分工，下乡工作，而县级干部不做具体分工，亦不配合区乡干部，亲自深入到一个乡或一个村庄中去进行具体帮助和具体领导、只是留在区乡政府机关内，等待着工作任务的完成；待工作任务完成后，照样召开一次区或县的会议，将工作汇报一下，总结一下，根据汇报的结果，写成报告，然后将报告带回县上，就算完成任务。

第二种方法：要比第一种方法进了一步，即是虽未做具体分工，但它是采取到处奔走，到处检查，但这样的检查，是不能深刻的，因此对情况的了解，亦只是一种泛泛的、皮毛的。当在检查的过程中，发现区乡干部的工作做的很差，或是做的不够，存在着某种缺点，亦不去研究这些现象出现的原因，和用什么方法去克服缺点，仅只批评一下，就算完事。这样的批评和检讨，对于区乡干部是没有什么帮助，因为他只懂得是缺点，但在他的思想上，还缺乏改正缺点的办法，于是在今后的工作中，类似第一次的缺点仍然还是存在着的。这样就使得区乡干部中，产生了两种现象：一种是工作仍然在做，缺点仍然是存在着，甚至在发生着；一种是想不出克服缺点的办法，同时又唯恐受批评，因此在工作中缺乏信心，畏首畏尾，不敢放手工作。

第三种，即具体帮助区乡干部工作，不但是指导、命令的传达，同时与区乡干部，根据当地的具体情况，虚心的研究讨论，想出执行的办法。在具体工作的执行中，县级干部又参加一定的具体分工，到一个乡或一个村，抓住典型，配合乡村干部推行工作，研究经验，提供新办法，同时将自己的经验和办法，介绍给其他的区乡干部，使他们在工作上能够具体掌握和运用。

这三种方法，在目前看来，第一种是少数，第三种亦是少数，多数还是采用第二种方法的。据了解，第一种帮助工作的态度和方法，是谈不上什么帮助的，是失去领导作用的。所以有第一种方式的生产，可能有两种思想根源：一种是帮助工作的同志，对区县干部的依赖性，将工作责任，完全托付在区县干部的身上，减轻了自己的责任心。一种是怕麻烦，怕吃苦，不愿深入工作，采取空架子的、官僚主义的领导。第二种方法虽然比第一种方法进了一步，当仍然存在很大的缺点，因为它不能深刻的了解问题，亦不能解决问题，至于对区县的具体帮助和领导，其作用也是很少的。比较好的，乃是第三种，不过采用这种方式的，根据现在的了解，仅是新方法和新作风的开始，如有部分的县级干部，在帮助区乡工作中，虽然注意了典型领导，但缺乏典型经验的总结，即使有了经验的总结，但没有将自己的经验细心的介绍给区乡干部，以推动他们的工作，因而使县级干部离开之后，区乡干部仍是缺乏办法，工作无法推动。

综上已观，我们今天提倡的、同时还要积极改进的，是第三种方式，而要克服和纠正的是一二种。

1946 年 7 月 3 日，第 2 版

绥德吉镇区摸索新方法，集体试办分头推动

吉镇区今年试用了一种新的领导方法：以试点代替传达。区干部组成两个工作组，八个乡干部按照区组成两个组。工作一来，区工作组即分别领导乡工作组，集体试办，取得经验，然后各乡干部回去，分头开展这一工作。此次领导群众打卡棉花，就是采用这一方法，工作效率很高。

领导作风的另一个改变是：先远后近。过去区干部一下乡就在近处，远处六乡的群众会提意见：“今年连一个区干部也不见来。”现区干

部集中力量帮助远的乡，近的乡因吉镇十天逢集，可以趁乡干部赶集之便检查与布置工作。作风的第三个改变是：抓紧改造坏村子。例如最近具体改造了吉镇上刘家沟。该村有个刘尚元，经常造谣生事，还用挑拨的手段想搞垮该村群众合作社，每次开会捣乱会场，村民恨之入骨，要求政府惩办。政府先后找他谈了三四次，上月八日的村民大会上，大家又纷纷起来批评劝说，刘尚元渐渐悔悟了，他承认受了坏人的影响。此后，该村群众合作社不断发展，组织了五个变工队，群众生产情绪大大提高，全村非常团结，大家都说："我们有信心把上刘家满建成模范村。"区上从这个村子的改造，取得了经验，现正继续改造其他落后村庄。

1946 年 8 月 23 日，第 2 版

甘泉县级领导未重视利用报纸

印发一张报纸，要费很大的力量，县级领导应特别重视它，运用它来推动工作。据我所知，甘泉县领导上，除组织干部讨论时事外，对此工作放的很松，甚至没做。八月六日解放日报登一篇"关中县长座谈会提出伏里揭完麦地"的消息。县政府一位科长看见说："球！还不是那一套！"说罢，将报纸一翻，去看第一版的大标题、大消息。还有一些富有教育意义的文章和消息，也没有发动干部去学习，用以指导实际行动。如报上登过不少打卡棉花的方法，大家都不注意。最近我到四区五乡工作，看见很多棉花都没打卡好，眼看白露来临，而许多胎叶还未打掉，油条还胜过主枝。由此看来，报纸和工作是分开了。希望领导上今后能改正这个缺点。

1946 年 9 月 8 日，第 2 版

第五部分

听取群众批评
深化群众感情

导　语

自觉接受群众监督是马克思主义政党自身建设的应有之义，列宁曾讲过，“要有多种多样的自下而上的监督形式和方法，以便消除苏维埃政权的一切可能发生的弊病，反复地不倦地铲除官僚主义的莠草。”邓小平也曾警示全体党员，“一个革命政党，就怕听不到人民的声音，最可怕的是鸦雀无声。”中国共产党是全心全意为人民服务的政党，除了人民的利益之外，自身并无任何特殊利益，因此，全党同志“应该受人民的监督，而决不应该违背人民的意旨。”从宏观层面看，纵览90多年党的建设历史，自觉接受群众监督，是我们党能够保持纯洁性的基本经验之一；从微观层面看，全面客观评价一个党员在政治、思想、作风等各方面的表现，最有效和科学的办法之一就是让广大人民群众来监督、评价党员，“领导上衡量一个干部也应以群众的衡量为标尺”。在实际工作中，只要我们的党员干部，为了人民的利益坚持好的、改正错的，我们的队伍才会越来越大，我们的事业才会兴旺发达。人民监督是人民民主建设的关键环节，是人民当家做主的重要实现形式，只有人人参与、人人负责国家和社会各方面建设，我们才能彻底打破“历史周期律”，驶出“历史的三峡”，迈向社会主义民主政治的光明大道。

“知屋漏者在宇下，知政失者在草野。”在延安时期，我们党高度重视民主政治建设，强调要让人民站出来说话，为群众监督创造了良好氛围，以“发动人民彻底检查政府工作，检查各种政策的正确性及其执行程度。”但实际上，由于中国长期封建糟粕毒害，群众常把干部看成是高自己一等的“官”，在日常生活中，不敢批评干部，故而使有些干部官僚主义作风日甚，强迫命令、自高自大、脱离群众。针对这一情况，为让群众敢于批评干部，当时的干部想了很多“接地气”的土办法。首先上级领导给予基层干部以必要的教育，说通干部要在群众面前大胆自我批评，对群众所提出的批评意见：对的诚恳接受，笑脸相迎；不对的，给以耐心解释，决不要当场面红耳赤发脾气，或存会后报复心理。同时，为了进一步消除群众对干部报复的担忧，上级干部又利用劳动英雄和有威望的老年人，向群众担保被批评的干部绝不会报复，批评不对时，干部也不发火；还注意不分配干部到对他意见多的村子去，以避免群众当面不敢说话的现象。有的优秀干部为了能听到群众的批评，还在春节时，给本乡群众送肉送酒，邀请附近群众来吃饭座谈，一边听取大家的意见，一边为大家来年的生产订计划。通过发动群众起来批评干部，无论是干部的作风和能力，还是党群、干群关系都有了极大改善和提高。许多干部从群众热情的揭露错误、正确批评中，树立起自己的群众观点，改变了对群众的态度。同时，“群众毕竟是我们的先生，人多眼亮”，通过深入反省自己对政策认识，思考错在何处？如何才是正确？我们的干部也从群众的批评中，学习到了很多东西。正如一篇报道中所讲“延安县的区乡干部，在去年的选举运动中，思想和作风都有了很大的进步。”

新宁某乡长和村主任工作作风简单化

据惠世恭同志报道：在边区部分区、乡干部中间，目前正严重的存在着一种严重的脱离群众的简单化工作作风。其中新宁一个乡长和村主任的工作方法便是最坏的典型。在一次关于纺织与采集山货的指示信上，乡长在给村主任罗列了一长列的任务数字后，最后这样写着（原文）："希见信研究，马上执行，一定要完成任务，所有穿衣纺线按数目计划立刻执行。此致敬礼。"从这封信中，可以看出其缺点：不实事求是，不做宣传解释，平均指派，命令行事，一套简单化的工作作风。而行政村主任接到此信后，也以同样办法按照数字一项一项的报给小村长，小村长再摊到各户，结果毫无成绩。此外，在这种工作方式下，最使群众厌倦的是开会多，时间长。即以这个行政村五月一个月开会统计：仅村民大会就召开了六次。当时正值农忙，除一次因文化主任叫不来很快就散会外，其余五次都开到半夜，甚至天亮。特别有两次会开的群众最不满意，一是五月初六日，讨论发棉贷，从天刚黑开到鸡叫，只因六十户人中有五户未到，讨论了半夜什么问题也没有解决。一是五月卅日晚的村民大会，提出来一串大问题要在会上解决，什么讨论减租、布置纺织、检查收麦除草、统计牲口等，彻夜没弄好一个问题。第二天大家瞌睡得不能上地做活，以致埋怨四起。像这样的村里干部，这样的工作作风，仅说他能力不强，且把上面的领导扯开不谈，是不够的。老实说，在区级甚至县级的领导上亦应负些责任。如对上级指示的精神如何贯通于下级干部和群众，或更具体的订出完成工作任务的办法指导下面，这些都做得不多、不够，因此下级执行任务时，好像就是为了上级的指示而作。本来一件为群众谋利的好事，但由于道理解释不明，或者不去解释，群众反而认为是负担。如帮助群众订纺织计划，是完全为了他们穿便宜布，有些群众却怀疑公家要纺织的布。其次在检查工作上也有毛病，如下面的报告把数字弄对了，完成了上级的要求，就认为是好的，至于产生的缺点错误，就不大多问，如此养成了下级干部一种习惯，一天到晚专看数目字，别的一概不管。这些都是我们下级政权工作中前进的严重障碍，不立即纠正，我们的工作就会一天天离开群众。

1944 年 11 月 2 日，第 2 版

太行各地检讨干部作风

随着选举参议员热潮，各县地区村干部为了贯彻民主精神，发扬民主作风，联系自己展开了自我批评。左权县区村四百余干部于十一月六日，接连开会三天，检查干部作风。上月廿十三日麻田男女老少二三百人，与附近村干部十余人，进行民主座谈。各干部以自我批评方式反省自己。发言极为踊跃深刻。赵子英反省说："自抗战开始工作迄今，我是一个知识分子，有时自私自利，对工作采取应付态度，如卅一年征收负担时，因自己是中产户，故将中农一年的负担降低，其他户提高。去年开渠时，所花费的钱，群众提议清算，但因我的地多，出的钱少，故不管。缴公粮要群众缴好粮，自己却缴坏的。特别是在今年缴粮时，评议河滩地时，自己租下了一亩半地。在前四年时，为了少出负担，将四亩中地假典了，其实是想租给别人。前年退租时，自己怕这事被别人知道，故先和佃户说好。这是为了讨小便宜。"接着村长赵华说："我是一个不认字的人，能力也不大，但自己爱争地位，愿叫人说好。比如抗战开始时，当了一个村副，自己觉得不得了，特别是当了村长，自己就更自高自大起来。命令别人去做，自己不做。打人、骂人等不良作风也有。这些都是由于思想不正确，今天要决心改正。"

左权县车上铺冬学，亦于上月四日召开民主座谈会，百余男女老少坐满课堂。首先由政治主任检讨了自己过去不民主的作风后，引起了群众的热烈发言。粟成农会江三长同志，自抗战以来，就担任村里重要工作。几年来对工作非常积极，但由于自私自利、不民主的作风阻止了他的思想进步。以前村干部，和群众向他提的意见，他说这是干部们和他闹意见，打击他。工作情绪就逐渐的低落了。这次在县里开了七天会，听到其他同志的深刻反省，他很受感动。回村以后，在县区干部的帮助下，大有进步。上月廿四日晚，在全村群众民主反省会议上，三长首先反省说："参加工作以后，就成了懒汉，借口工作忙，不能去种地。太

阳上来还不起床。我短下旁人的工，叫小闺女（十五岁）去还工。县里发来春耕货款，一个群众只能贷七十元，我就贷了五百元，还拿了一千元去贩卖羊。去年按我实收的粮，应该给公家出租，但我借口年成不好，就没有出。”他讲必，群众也给他提了一些意见。

1945 年 1 月 18 日，第 2 版

鄜县干部会上于有才同志提议：调查由村上去作较确实

本县出席边区劳模大会的于有才、任喜招、石兴昌、仝万明、王培有等同志，回到县上，十八日参加干部会并被邀讲话。于有才在讲过展览会情形后，他给干部大会提出意见：以前干部最感头疼的是填写表格，他提议调查应从村做起，在工作中随时调查，按时报告乡上，之后由乡到区到县，这样既省人力，统计数字更可靠一些。他着重说，农村中许多好材料因统计的不确实，都未反映上来。王培有讲了毛主席说的劳模三个条件，又讲延安各机关学校的生产情形，他说：想不到比县上区上生产的更美。他希望县区乡干部应加油学习，要赶上延安的工作。石兴昌从我们能自造武器讲到延安的建设。合作英雄安长庚，主要的反省了工作的缺点，要求大家帮助全县的合作社。张县长最后对各位代表致谢，并号召大家改造作风，向各位代表学习。

1945 年 1 月 31 日，第 2 版

新正二区九乡检查乡长和文书的工作

文正明同志报道：新正选训班结束以后，二区九乡政府即召开劳动英雄、政府委员、村主任、村长和积极分子的一揽子会议，检讨乡政府工作。到会十五人，对乡长文书工作作风均发言批评。政府委员徐长荣说：“村长马新党，去年六月给乡上报告纺车数目，把三十二把报成十三把，乡上知道了也不纠正，区上来检查工作，乡长把责任推到村里，

觉得自己就没有责任了。”老英雄赵澄璧说：“南庄全村二十八户人，给抗属杨治兴包耕地六亩，一个推一个，不好好耕种，秋收每亩地打不到二斗粮，乡政府在门口住，明知道包耕做得不好，也不检查，马马虎虎推光面子呢！”村民李彦洪也说：“我绫罗村给工属门万清帮助柴水很经常，可是三四月间乡政府叫把柴搬到于四村，结果弄得常没柴火，门万清的婆娘找见乡长要柴，乡长当面答应的好，过后就不管了。”乡长、文书接受大家的批评，承认工作不和大家研究，做一件工作时，只给村长下命令，不教给宣传的和工作的办法。乡长赵福祥还批评自己给群众发脾气不对，如东庄村王正仓，有四百斤柴没送给特务连，我不好心劝他送，却吓唬他说：“老王你不送柴，小心着，再不，就把你送到特务连去背柴！”劳动英雄赵清璧反省他对村长的不尊重态度说：“去年八月修路时，黄柏村长李万英不出头，我批评他的态度不好，李村长不听话，我就把他叫到乡政府，后来给大家拉住了，今天我承认这是我的错误。”

1945 年 2 月 20 日，第 2 版

晋西北各县干部会，深入检讨工作作风

各县区村扩干会纷纷召开，以整风精神从思想作风上检讨去年的工作，一般都是从领导上充分发扬民主，引导所有到会的人，进行深刻而实际的批评和反省，进而彻底检查工作。如保德县扩干会首先由徐县长和赵政委对一年工作作了具体检讨，遂使到会干部都认识到这是真正从上而下的整顿工作作风的会，尤其使对领导者有意见不敢批评和怕反省自己缺点的同志，都大胆批评了领导，反省了自己。三分区各县在县级负责同志反省后，都跟着进行了深刻反省。在思想反省和工作检讨中，一致发现过去某些工作垮台或产生毛病的基本原因，就是为群众服务精神不够，还没有或者不完全从群众的需要和自愿上来作工作，而有强迫包办、官僚、自私等现象。如离石检讨某些村长变工组搞不起爆炸的原因，主要是民兵脱离群众，及村的领导不统一。某些民兵不愿教育群众开展爆炸，怕群众自己能打敌人了，没人给自己代耕土地。村指挥部只是形式，干部各强调自己的工作，致劳武脱节。区县检讨出有些村子所

以减租不彻底，也是由于干部对减租没有认识到是群众翻身的重要步骤，减租的进行又不走群众路线。会中经过两种好坏作风及效果的典型一比较，大家的认识遂愈趋深刻，如保德到会干部认为“旧脑筋顶住，就干不好工作。”为着帮各级干部彻底改造作风，绥晋分局于二月十五日指出高岗同志的《关于工作作风问题》，应在扩干会中讨论，以便把文件精神贯彻到会议和工作中。

1945 年 3 月 4 日，第 1 版

赤水四区七乡乡长王可财
春节中邀群众吃饭，请他们批评乡府工作

赤水四区七乡乡长王可财喜欢倾听群众的意见。每年春节时，本乡群众都是亲切的给王乡长送肉送酒，他就把送来的东西作几个菜，邀请附近群众来吃饭座谈，有说有笑，这是他即反省自己，请求群众检查乡政府工作，批评缺点；同时在拉话中，他就检查各家生产成绩，商讨下一年的计划。该乡群众对王乡长的工作是满意的。因为他能够解决他们的问题，帮助他们发展。由于该乡人少地多，王乡长就以安置移难民为中心工作，两年来共安置移民七十八人，难民四百零九人。王乡长亲自参加了班子，以取得经验，影响大家，两年来全乡增加耕地达五千亩。王乡长帮助群众订生产计划，不是强迫命令的老一套，而是向他们算细账，怎样使日子过的美气：不是空想增加数字，而是从现有生产基础上逐渐提高规模，群众很信服他，自动请乡长订计划，当组织妇纺时，王乡长亲自推着纺车、棉花、运锭子、织机、梭子和油都替纺妇准备好，亲自送给她们，这样一年中纺车便从十二辆发展到七十二辆，每辆都开动着。去年开展卫生运动时，王乡长沿门检查推动，亲自动手打扫。杨兴才婆姨特别不讲卫生，劝说不听。王乡长便到他家里，取下褂包、挽起袖子，就倒水洗锅、赶苍蝇、热剩饭、扫案板、泥锅台、晒被窝，使得杨家婆姨不好意思，也就动起手来，临家婆姨们偷偷地来看了，都急忙回家收拾：从此杨家婆姨大为转变，全村也比较清洁了。这个生动场

面，很像延安一个卫生秧歌的剧情。

1945年3月5日，第2版

新正二区九乡一揽子会上乡长接受批评

文正明

新正区乡干部培训班结束以后，二区九乡乡政府召集村主任、村长、劳动英雄、积极分子一揽子会，检讨领导作风。劳动英雄赵成璧说："优抗工作做的不好，南庄全村廿八家人，给杨治兴家包耕六亩地，一家靠一家，地没上粪，锄的迟，收的迟，一亩地打不二斗粮，乡政府明知道，也不检查督促，马马虎虎，推光面子呢。"村长李彦洪说："乡长光是个嘴，下属门万清的婆娘没柴烧，碰见乡长要柴，当面答应的好，一过去就不管了。"乡政府委员徐长荣说："去年组织下的劳动力，都是强迫命令的，硬拉在一起的，口里说组织了多少劳动力和纺织组，实际上完全是样子，不起作用。村长冯新宝给乡上报告，他村里有十三把纺车，其实有三十二把，乡上不去检查。区上来了工作，乡上推到村上，就觉得没责任了。"最后乡长诚恳地进行了自我批评，他说：大家说的都是事实，我完全接受。过去乡上开会多，解决问题少。我有时候还对拳众发脾气，不耐心的说服解释。比如东庄王正仓欠特务连四百斤柴，我不但没有帮他想办法解决，还总是那命令吓唬他，一见面就说："老王，你不送柴小心着！"这些缺点以后我都要改正。

1945年3月13日，第2版

不要强迫命令，但也不要自流

冯森令

编辑同志：

冬训班后，在新的工作作风中，处处都要以群众自愿为原则；但有不少同志还不了解自愿是需要首先进行很好的宣传的，不然自愿就要成为自流。如这次延安县川口区五乡李家渠商会在拥军工作中，即系如此。人民只知道今年拥军不强迫，不摊派，自愿欢迎。但对拥军的实际意愿还不大了解，干部也不宣传就到每户去收钱，凡去者每户至少都给了五百元。这种更简单省事的工作方法，恰与深入细致的新作风背道而驰。希望大家注意克服这种新的缺点。

1945 年 3 月 17 日，第 2 版

乡文书要尊重乡长

编辑同志：

我们这区各地的许多乡长，大多是当地农民出身的老同志，他们对革命事业很忠诚，他们有丰富的工作经验，但是由于他们的文化程度低，有些工作就要乡文书帮助。可是我见到有个别乡文书瞧不起乡长，摆着知识分子的架子，比如淳耀二区四乡成立识字组时，要请乡长参加，而乡文书却说："乡长知道个啥，叫他参加不顶事!"五区六乡乡文书经常在乡长面前叫他摆着"延安来"的架子，让"马列主义"吓唬老乡长。我觉得作为一个乡文书，他的任务，就是在乡长领导下协助乡长进行工作，他应该虚心的学习乡长的长处，诚恳的帮助乡长提高文化，他不应该瞧不起乡长，还需要尊重乡长，同心合力替这个乡的群众办事。在工作上除了写报告、读指示等外，还应该作为乡长的文化教员，尤其需要经常的给乡长读报，提高乡长的学习兴趣，参考各地工作方法，以改进本乡的工作。

1945 年 4 月 11 日，第 2 版

自愿、自发、自流

编辑同志：

在关中分区很多同志已学习了按群众自愿原则办事，但也有不少同志将"自愿"误解成"自流"或"自发"。这方面的事实很多，譬如有一位教员同志说："按照群众自愿，来一个教一个，不来就拉倒了，我决不动员。"另一位通讯员同志来稿说：新正浦岔沟小学增加了十五名

学生，也没有说服解释，他们都是“自愿来的。”很明显的，这两位同志认为既然是按照群众的自愿，那就不能动员，不帮说服解释，其实这实在是把自愿误解为“自发”了。

又有同志做工作，认为宣传过后，就再不管了。例如淳耀柳林区六乡在订农户计划时，全乡只订了一户，以后乡长汇报说：“我们都给宣传哩，只有孟先唐愿意帮他订，别的人都没来找订。”马栏区春耕检讨会上也发现类似的情形，只宣传不组织，不研究解决在群众中存在着的问题，结果形成了自流现象。

所以我认为关于“群众自愿”问题，应该及时的研究检讨，否则将产生许多不良影响。

1945 年 4 月 13 日，第 2 版

鄜县研沟二三村会，政府接受群众批评，变工班子马上组成

邱玹良

鄜县黑水寺区五乡研沟行政村的二三村会，在春耕中，因区乡解决租佃问题不适当，村干部对动员负担处理不公，及区乡政府对群众所提出的问题拖延不理等等，引起群众不满，以致今春耕提出开展春耕运动时，不愿积极参加，甚至张克俭等八户迁离该区，尚有四户亦拟移居。县上知悉后，即派人协同区书区长到该村进行调查，召集村民大会，政府首先做自我批评，然后号召到会群众对县区乡的工作和干部提出批评。会议中苏永发代表研沟街到八卦寺的十四户志丹移民说：过去区乡政府曾说移民种的地，地主在民国十九年打地时报过荒。可以不出租子，秋征要实征，移民已把秋征粮出了，可是后来政府又叫地主收地租，使移民两头负担。接着李世贵批评去年村会长黄天，对征公粮不主持公道，刘麻子明明种二百多亩地，看九条牛、八个驴、百十只羊，结果村会长就只听他说种八十来亩地，毛驴不是他的等谎话，给他征了二石四斗公粮。可是张志友只种五十来亩地、看三个牛、一个驴，还他征

了一石六公粮。他说："区上来的人没调查，像这样我怎能有心把生产搞热火？"平时老不说话的罗世福也说："我看到刘世宽村会长，办事也不公道，我们去年都被动员过几次驴和人工，可是和他好的黄村长就没派过一回。"接着大家发言批评区政府工作，余德厚再也忍不住，将黄天勾引战士开小差，躲在他家的秘密，也给他揭露出来。最后区长接受群众的意见，宣布他不能代表老百姓的利益，应以撤职。接着区书提出："我们接受过去的经验教训，会纠正缺点的；希望大家讨论怎样把生产搞红火起来。"当时群众的情绪已转变了，随即组成变工班子三个，包括二十四个劳动力，并选出了自己的组长。开三村会的群众正斟酌着向二村会提出生产竞赛的计划。

1945 年 4 月 14 日，第 2 版

定边城区五乡张乡长向群众反省改进工作

城区五乡乡长张文连从干训班回去后，便召开扩大会议，到乡村干部和农民三十三人，张乡长向群众反省：（一）过去没有把妇纺合作社办好。去年五六月里收了三十多万元股金，但把钱放到十一月底，才买了棉花、羊毛和一织布机，赔了钱，纺织没办好，农民吃了亏。（二）去年乡上发生许多土地纠纷，但他总是推，没有仔细调查研究去解决。其次，还常常向群众发脾气。张乡长自认错误，表示以后在工作中改正。农民丁七等也当场指出，乡长没有把织纺合作社办好，群众都不满意。谈到退股，大家的意见是都希望还是办下去，选出魏邦彦、耿生贵为正、副主任，继续办纺织。

1945 年 4 月 24 日，第 2 版

改进工作作风，山东《大众日报》以显著地位介绍新的作风

今日《大众日报》以显著地位刊载《谷家岭群众为什么愿意深耕

了》及《石门涧庄户学校进行种棉实例教育》两条新闻，并发表短论，号召各地学习他们群众路线工作方法及领导方法。在第一条新闻中写着："沂水县谷家顶，在春耕前大多数群众都说：'耕深了不长庄稼'，有的则说：'没那么些力量'。该村村干部便反复说明土深了根系远，苗子一定好的道理，并且拿从前土豪的水田，或者交通沟上因为土深长好庄稼的实例来说服群众。另外又组织了谷秀关等过去主张深耕而庄稼长的比别人好的人，去组织讨论会，对群众进行教育。而对无力深耕的，大家讨论出了人帮犁和两犁作三犁耕的办法，而在领导上开始也不要求很高，大家提出竞赛，开始只要求比往年深耕一寸，于是群众便很愿意深耕了，全庄就开展了深耕一寸至二寸的运动。"

在另一条新闻中写着莒南某些村庄，群众对种棉没有信心，石门涧庄便在庄户学校里发动群众讨论上年种棉的经验，检讨失败的与成功的原因，最后由教员总结，上完课后群众都说："上这种课就像帮咱钱一样。"教育英雄张建华同志也在教学的庄进行植棉的思想教育，该村群众有的相信传统的迷信说法，说背着屋脊丢罩笠，如果丢到罩笠仰着，今年棉花就收，覆着就不收。建华同志就用科学道理，说服由于重心关系，丢的罩笠多半覆着，所以这种说法是过去不敢种棉的迷信观念，劝大家不要相信。现该区有的中心学校正照着报上的种棉的办法，组织有经验棉农到外村传授。

1945 年 4 月 27 日，第 2 版

沁源政府改善个别地区村干部与劳英关系

沁原上兴居、南石、龙头等村村干部，最近对于当地劳动英雄的认识和关系上，发生几种不良现象。第一种是有些村干部故意夸大劳动英雄的长处和才能，把许多工作推给劳动英雄去办，以减轻自己的责任，如上兴居劳动英雄曹显亮，在村中威信很高，说话顶事，于是村干部就把一切工作，都推给他去办理，弄得曹显亮整天忙碌，无法进行生产。第二种是吹毛求疵，夸大劳动英雄的个别缺点，削弱他在群众中的威信，使他的工作不能顺利推进。如南石村女劳动英雄胡黑牛，从参加全

区群英大会回村后，竟引起某些村干部的嫉视，因此当她动员群众组织互助组时，这些村干部都袖手旁观，不加帮助，并抓住她因家庭封建，不能经常参加会议的缺点，在背后乱说怪话，以致该村互助组，始终没有组织起来。又如劳动英雄安凤山在龙头村宣传互助组时，该村干部不但不加帮助，反而叫大家不要参加互助组。他们认为“上级只看见劳动英雄的功劳，好像他们就没做甚，因此大家参加互助组，还不是给安凤山增加功劳。”第三种是对劳动英雄，采取放任态度。劳动英雄有缺点，不去帮助纠正；有了困难，也不去帮助解决。如安凤山从群众大会回来后，态度有些骄傲，做事有些主观，他想把群英大会上听到的一切好办法，都搬到村里来实行，当时有些村干部明知道有些办法行不通，但竟不闻不问，听其发展。上述三种不良现象，现政府正设法纠正中。

1945 年 7 月 18 日，第 2 版

关于改造村干部作风问题

陈　濬

编者按：太行区在今年春减租运动后，曾普遍的进行改造村干部作风的工作，本文即根据当时当地经验而提出意见。现在边区正进行选举，改造村干部作风问题，是选举运动中重要问题，我们特将此文发表以供参考。

许多地区，经过减租运动，群众已经发动起来，当他们大部分租佃问题在解决中或解决之后，他们就结合着或转向把自己更好的组织起来，健全与发展农会，壮大民兵，巩固胜利成果。在实现这个愿望的过程中，有些地区群众也同时要求改造干部作风，清算领导上某些脱离群众的官僚主义的坏作风，抛弃干部中少数不可救药的蜕化分子，选择自己真心拥护的人，来当干部。而在不少地区，从选举中，已涌现出一批新干部，像林北的刘春和，更乐的江小介，平顺的李顺连（以前是农会主任，最近已当选村政治主任），就是在斗争中，能代表群众切身利益，

具有群众作风，而被群众所选中了的新人物。因之，如何正确理解群众的这种要求，实现群众的愿望，提拔新干部，改造老干部，是目前一些地方的一个新问题。这个问题的解决，对于开展今后工作，是有重大影响的，需要我们很好注意并正确解决的。

首先，应当承认，在我们若干同志中，确有着不民主和脱离群众的现象，并且曾是我们工作中一块绊脚石。但是，如果群众尚未发动起来，由于长期历史的传统，群众经常把干部看成是高自己一等的“官”。那么纵使这些干部真是为群众所拥戴推举出来的群众领袖，由于没有群众的监督，要想根绝脱离群众作风是不可能的。而当群众起来之后，懂得了自己当家，不能再容忍官僚主义，要求改造领导作风，则又是很自然的。因之，县区的领导同志，就要明确认识到这点，细心研究各村存在的干部和群众的关系，诱导村干部（他们的作风问题是群众直接的对象），能在群众中反躬自问，认识自己作风上的毛病，认识群众这种要求的正确性，能够自觉的和群众一起，改造自己，纠正错误。转变作风，甘心勤勤恳恳为群众当一个服务员。如果，领导上不这样，采取熟视无睹的态度，或是片面责怪下级，甚至抱着“大换班”的态度，就易于造成下级干部感到自己处在夹攻之中，感到“委屈”，不能认清群众这样要求的正确性，不会深刻从自己的作风检讨起，以致心灰意冷，看不到前途，或者是形成与群众对立，激起群众更大的愤怒。那样的结果都是和群众本来意旨相违背的，不但干部作风问题改造不过来，甚至像个别村子，反而给予破坏分子挑拨离间的空子。

其次，在一般干部中，除了少数是投机分子或不可救药了的蜕化分子以外，大部分是过去曾经为群众办过好事，在历史上被群众赏识过的，他们在长期工作锻炼的过程中也积累了一套领导工作的方法（这是一般新干部所缺乏的）。但是，由于以前群众没有发动起来，他被群众拥护起来之后，没有群众的监督，再加上领导上没有及时的教育与具体帮助，有的就在工作困难，任务繁重的情形下，发展了官僚主义作风，强迫命令，自高自大，脱离了群众；有的自己翻身就忘了本，忘了群众的痛苦，自私自利，甚至甘于受到外界的引诱，做出若干坏事，已引起群众中不同程度的不满与反对。而这次减租运动，又还是经过他们搞开头的。所有这许多情形，就形成了群众与干部之间极其复杂的关系：一方面，干部自命是功臣，对于自己脱离群众的恶习，已行之若素，对群众突然对自己提出问题，不免大吃一惊，而由于一时又放不下自己惯了的架子，看不到和想不通自己的毛病，不是苦恼灰心，就是意气用事。至于群众方面，则是尽情揭露干部缺点和错误，迫切要求干部认错转变，如果干部不能如此，群众就易于忘掉了干部以前的一切好处，只看到缺点与错误，不能相谅，要求撤换。领导上，如果再不能全面的历史的来看人看事，细致分析具体的人和每个问题，粗率的处理这个问题，甚至如某些地区产生了“大换班”的空气，其后果一定会遭到干部和群众两方面的不满，并且会自坏长城，毁掉一批有经验的干部，使工作受损失。

第三，许多实际的例子，又告诉我们，如果启发了干部的自觉，能从群众热情的揭露错误，正确批评中，树立起自己的群众观点，改变对群众的态度，出之诚恳诚实的检讨自己，决心重新做起，群众是能念到他们以前的功劳，原谅他们后来的错误，允许他们“留职转变”，或者又重新选出了他们。平顺和邢台一些村子的经验已证明了这点。因之，如果把群众对干部的不满，光看作是对人，而不是对事（坏的作风），必须统统换了才顶事，就必然造成错误。实际上，群众的要求，是要选能代表自己利益又会办事的人来当干部，他们的要求虽是以不满老干部甚至斗争他们的形式表现出来，事实上，仍是反对这些干部所背负的坏作风和所做的坏事，只要干部肯转变而且用事实证明了能转变，群众是能不咎既往的。邢台有些村的群众在干部认真反省之后说：“我们对坦白了的特务分子还能宽大，对于我们自己人一时犯了错误，又真心悔改了，还计较什么!”就是好的例子。

总之，只有正确发扬群众的正气，掌握对事不对人的原则，诱导干部自觉，和群众一起，来清算旧作风，才能真正树立起新的作风，使新老干部都能忠心当群众的勤务员，造成老干部向新干部学习群众作风，新干部向老干部学习工作经验，互相团结，团结群众，共同把工作做好。同时，要能更加改善群众和干部的关系，群众经常能站在爱护干部的立场，监督干部，干部能经常根据群众的反映来洗脸，就会逐渐形成“拥干爱民”的新气象。而经过这样一种群众性的改造干部作风的过程，一切违背人民意志和利益的投机分子、破坏分子以及不可救药的蜕化分子，也都会在群众火眼下，被识别出来，把他们从领导的岗位上赶走。

1945 年 9 月 30 日

子长望瑶堡市政缺点颇多　群众有很多意见

记者在子长望瑶堡，曾因采访到市区人民对政府有很多意见，特遍访各界人士，调查出存在的问题有以下几点：（一）营业税分配不公。上季营业税分配时，系因商会委员按层分摊，大商出的轻，小商出的重；一个卖烧鸡的（家境很不好）和一个开铺的同样出一万元（边币），一个移民刚开的饭馆也和大饭馆出的一样多，群众非常不满，曾向政府提意见，并向黑板报报函；县政府派来裁判员处理，但以后仍然照原来的分配数目征收了，说法是：现在已经摊开了，要重来可费事，还是大家照原摊的数目出上，到下季征营业税时，再评定轻重吧！（二）三乡长要私情包庇，全乡人民大部对他不满。据谈，为乡长所不满的人负担都要重些，工人赵汉英（曾任自卫军连长）就向记者叙述他自己负担在三年来加重的事实；为乡长所不喜欢的石张润不给登记修窑；把一个六十多岁的河南人张广山（家里只有一个老婆）和他的隔山弟兄（家里很富有）一样负担公差勤务（张广山因此搬家），某毡匠有两垧地，前年租给人种，但他前年出了五升公粮，去年已收回自种，家景也较好些，但因为给乡长送了二升豆和一捆柴，去年就没有出粮。乡长的隔山弟兄张姓，每次负担和义务差事都很轻。又常违反法令，偷窃违禁品；家里又招赌，因种种不合理现象发生，群众中有“张家政府”的恶言；（三）一乡在夏征时，乡政府委员会上曾通过政府委员不征粮，后来农民不满，提出上告，但仍以粮已摊下，到秋征时再讨论为理由，未予解决；（四）断案马虎，吊打等肉刑尚未废止。今年就有两件大案被断错。郭福曾拾一件袍子，是任鹏祥的，任鹏祥控告郭偷盗，郭被送到裁判处，不问情由，就是捆吊拷打，硬逼招认，群众不满，后来提出证明，才把是非辩明了。还有一件事栽诬案，流氓杨二珠栽诬好人，盗卖违禁品，意图获得奖金，裁判处也不问情由，就拷打好人，逼取口供。

以后该人向县长喊冤，才审问出冤屈案；司法上有不注意调查研究，采取捆打逼供的缺点，因此群众多不满；在记者和各界人士交谈中，有许多人不敢说出对政府工作的意见，有的说，已经受过了，多一事不如少一事；有的认为，说了还是不顶事，又有的认为：上下还是有包庇，以少说为妙。记者考察其原因，实由于政府工作中存在很多缺点，但又不愿听群众意见和批评，群众提了意见，则又敷衍拖延，不予解决，有些对个别干部存在意见的人又从中挑剔，因此在各界人士中造成了甚深的坏印象。希望该市、县两级党政在普选中放手发动民主，让人民讲完心里话，来一次彻底检查工作，对人民意见必须虚心接受，分别答复、纠正、解决或在以后工作中坚决实行。

十月二十四日本报本版载“子长望瑶堡市政缺点颇多，群众有很多意见”消息中的第四点“断案马虎，吊打与肉刑尚未改正”一节，本报记者误指出本县裁判处的错误。现经县府来函说明，该项案件均系瓦窑堡市公安局执行错误，此事已经县裁判处平复。特此更正，并向子长县裁判处致歉。

1945年10月24日，第2版

吴旗选训班讨论怎样发动群众批评政府

海　岳　林　平

吴旗开办的选训班，经七天结束。训练方法，首由王明远同志报告今年选举的意义和目的，继又凝练：乡政府向群众报告工作？怎样发动群众批评政府？怎样选好人等几个实际问题，交大家讨论。

在讨论到各乡干部要向群众承认工作错误时，大家都觉得很对，但当各小组揭露出各乡在某件具体工作上有错误时，乡级干部就畏缩起来。如乡指导员齐连章在给群众发鞋面布，作拥军鞋时，每双鞋贪污了四寸布。小组会揭发出，要他在群众面前说出来，他却说：“这号事还要向群众说？”

在发动群众批评政府工作的问题上，大家认为乡村干部向群众的反省首先要诚实、彻底，不然，群众是不会发动起来批评政府的。同时，还要发动村中的有威望人士、参议员、积极分子起带头作用，批评政府的优缺点，以发动群众。

怎样才能选举好人？大家估计群众可能有几种错误认识：（一）认为把好人选上，他就脱离生产，光景就过不好，所以不要选；（二）把不好好生产的人选上，认为这些人反正不生产，选上他也不会误工；（三）认为政府早就把乡长确定了，叫大家选举不过是形式，对选举马虎些也可以；或是候选人自己活动，群众不要选他。要克服这些错误认识，大家认为要把选好人是与人民利益有关的意义，好好多向群众宣传，使群众认识清楚，才能真正选出好人来。然后选训班还学习了选举案例。

1945年10月29日，第2版

靖边镇靖区三乡试选　说通干部接受批评启发群众大胆讲话

许海珠同志报道：靖边□镇靖区三乡试选开始时，干部思想没有开展成熟，进行起来就产生了毛病，例如马主昌依然认为：自己是干部，受群众的批评，是丢人的事。林凤才的驮水驴子被他动员送拉□，原说三五天就回来了，但是十多天还未回来，驴驹子几乎饿死。林凤才批评他的时候，他却说："你少说这些话，你的驴子死了，难道公家还赔你不成。"于是群众再不敢说话。同时宣传解释也很简单，只空洞的提出，"改选乡长啦""登记选民啦"，使群众心里糊里糊涂。有的群众就认为选举是在人民面前"耍个手段"，选谁都是一样。为克服上述偏向，即召开干部会，并进行分别谈话，说通干部要在群众面前大胆自我批评；又利用劳动英雄和有威望的老年人，向群众担保被批评的干部绝对不会报复，批评不对时，干部也不发火；还注意不分配干部到对他意见多的村子去，以避免群众当面不敢说话的现象。以后，当赵登台提出来他的骡子给军队送粮累死以后，李乡长很快应承由政府赔偿，从此，群众便大胆的检查政府工作了。另外关于政府工作报告，在全乡设定十个中心地点，分别联合附近的小村庄报告，其内容，则联系各村的特点。官路畔村有许多备荒的模范家庭，王家庙村有模范识字组，但是赵家沟村工作落后，还有些二流子，乡长在这几个附近的村庄，就联系到这些观点，作检讨，借以使群众互相学习。报告后赵家沟的人说："看人家多好！咱们什么时候便能赶上人家村庄？"官路畔的人说："咱们的好处，工作报告中都提到了。"

1945 年 11 月 5 日，第 2 版

记鄜县一个乡长的谈话

张承智

我带着帮助选举的任务，到城关区三乡访问王乡长。他正在一片棉花地里拾花。我把来意说明，他微笑着说："拉拉话吗？好麼！你先到乡政府等一时，我再拾半筐花，马上就回来……"他看了看我，接着说："你看这花，都开的白哈哈价。家里没有劳动的，老人六十多岁，再有三岁的娃娃和老婆。此刻马上不拾，就要糟蹋了的！"

"好！我帮你拾一阵花，随便拉拉。"

我们蹲在地面上，一面拾花，一面拉话。

"唉！好同志咧！我们乡长的困难可多哩，咱们当了乡长，到此刻已经四年多。一来咱不识字，文书一不在，就像失掉了两只眼睛，上面下来的指示信，要跑几里路等人看，一迟误，就会耽误工作。年纪大忘性也快。所以到区上汇报，就像茶壶里煮扁食，肚肚有，口里不得出。人家说的事，就凭脑子记。有些事，过几天就忘咧。这睁眼瞎子，实在是个大困难。"

乡上的工作吗？忙的你要四只手挖。家里又没人劳动。几年来，地方上只给代耕了几十天，此刻种十几亩地还有柴水，都要我刁空去做。一没柴水，老婆就嘀咕着："再办几年公，看你娃娃大人咋个过活！"我总起火的回答一句："大家叫办，不办怎能行?!"

今年家里没窑盛，我心里盘算，请几十天假打土窑，区上总会准

的；没想一到区上，区长说："同志闹革命要打倒家庭观念！"我就灰溜溜地回来。

"说句良心话，家庭观念，咱是打不倒，所以脑筋常是两用——要想家庭的事，又要想公家的事，一天价，把脑子想的混乱混的。"

"乡上的吃饭穿衣，还要我们自己生产解决。今年乡上种十八亩地，只有我和支书两个人。有时正在地里生产，忽然乡上有了事情。你就要赶紧往回跑。真是一天忙！像没套布袋，装不完。你乍看：春耕呀，优抗代耕呀，组织农村妇纺呀，夏征呀，乡合作社呀，……一年到头，这件做完，那件又来了，今天在这村跑，明天在那村奔，有时候到上面开会，忙得你连针扎的空空都没有。今年过八月十五，我总说乍没事咧！刚回到家里美美的睡一晚，午夜忽然有人叫，来了个伤兵，叫赶快派人往医院送，我一急，穿了个上衣，赶紧往外跑。我老婆哈哈大笑的说：'满不认羞！连裤子也不穿，就往外走'。我一看，才晓得自己没穿裤。"

从这篇谈话中，王乡长一天到晚为老百姓奔走服务，的确不愧为革命的乡长——人民的勤务员。同时也可以看出，他在工作中遇到不少困难，需要上级多给他具体的指导和亲切的帮助。

1945 年 11 月 12 日，第 2 版

米脂吕家崄乡干部因误工多影响生活，上级具体帮助不够

王　琳

编者按：反映乡村干部的困难是需要，但这个消息内容还缺乏解决这些困难的办法或积极的意见。最后关于乡合作社、变工队等失败的原因，尚希望当地通讯员登载报道。

民丰区吕家崄村经选工组进行十天宣传酝酿调查登记后，群众提出对政府工作的意见很多，有好些乡村干部对选举工作却采取冷淡应付的态度，其主要原因在于乡村干部工作中有困难及苦衷存在，故选工组即

召集全村干部会议，让大家把心里的意见说出来。身为教师的吕占修首先发言，他担任着农会主任、合作社代表、调解委员、参议员和变工队长，经常忙于公事，乡上、区上、县上，什么会议都得去参加，去年仅开会就误工卅多天，零零碎碎三两天的还不算，他说："上面只要谁工作积极，就把什么工作都加在他身上，下面也是有什么事都找他。结果，误工的是我们，工作垮台是我们，挨骂连受气也是我们。但是连家里担水的时间也没有！"吕占修的话得到了大家的同情，选工组唐副厅长也给了他一些安慰和鼓励。许多干部都积极发言了，农会副主任，身兼六职的吕立成也发言了类似的意见。弓区长诉说了乡村干部生活上的困难，脱离生产的乡村干部，公家的一点供给不够用。弓区长说："过去有的上级下来，不去接近乡村干部，不了解他们的困难，'钦差大臣'似的，住上一些时候，卷上一包材料就走了，什么也没给指示。因此，对于上面下来的工作团之类，乡村干部们实在不大感兴趣"。接着，阎德州说："过去上面下来做经济调查，要把每家三年来的收支，甚至连婆姨们买顶针用的钱也要写上，三年来的细账谁能记得清楚呢？没奈何，只好乱报一顿。"吕立成的应付办法是"长下的入卖钱，短下的出菜钱。"结果，调查的人拿着材料走了，什么问题也没解决，大家说："上面具体化，下面解不下！"此外大家又对乡合作社、变工队、妇女认字班等的失败原因，发表了很多意见。

1945年12月12日，第2版

固临更乐区区长和区书记亲到各村倾听意见

更乐区在乡选工作中，群众不仅批评了本村干部，同时对区级干部亦提出了不少意见。如陈发乡刘家村拴儿说："一次我到区上，找区长帮我写一封信，他不但没给我写，还把我说了一顿。"安河乡刘加高、薛福昌二人说："老百姓拿乡长的介绍信到区上割路条，区长除不给割，还把介绍信都扯了。"此外对该区区委书记冯学智同志亦有批评，如李凤青的婆姨说："今年夏上，冯书记来到我们村里生产，当时我不认识他，见他在家里做饭，我以为他是伙夫，我知道区上的伙夫会治病，我就请他给我的娃看一下病，冯书记很不高兴的说：‘你把我看成火夫了吗?’”这些意见，让刘区长和区书记冯学智知道后，即在区上召开了干部会，将自己的缺点进行检讨，会后，刘区长及冯学智亲自到各村去收集群众意见，并将群众已提出的意见分别加已解答和承认。

1945 年 12 月 21 日，第 2 版

重视群众意见，认真检查政策

朱　钧　黄弗后

编辑同志：

群众发动起来，检查政府工作和人员，发表了许多意见之后，如何使这些意见对今后工作起更大的改进作用?这就是我们要在这封信上提出来讨论的问题。

因为我们曾看到部分乡干部，面对着群众提出的许多意见，除个别大的以外，并未予以足够重视。如延安县川口区五乡试选中，群众提出的一些小意见，乡长卜清旺说：“这还算意见?”这次保发乡初步收集民意，有一个干部说：“这样收集下去，一年也收集不完。”

部分干部因为他们长期在农村工作，经常和广大群众接触，群众提出的意见，他们认为特别难入耳目的问题才“算个意见”；对于一般日常发生的事情，即认为不“算个意见”。而群众由于政府工作不够熟悉，对政府了解不够深刻，提出来的意见是零星点滴，关于他们的切身利益、关于干部作风、日常发生的事情居多。

但群众毕竟是我们的先生，人多眼亮，提出的意见，我们仔细倾听，从中还可以学习到很多东西的。比如这次我们讨论保发乡群众提出的意见：有一条：此间放棉花者取利过高（有的放一斤花取一斤利，有的按市价提高一倍以上折成白洋，名义上不取利。）应如何解决?发现乡政府并没有把固临乡府关于放花放粮等利息的规定贯彻到群众中去。

这提醒我们对于边府乡选训令的重视：“发动人民彻底检查政府工作，检查各种政策的正确性及其执行程度。”所以在检查工作中，除放

手发动群众提出意见外，还要联系这些意见，深入检查乡政府如何执行指示，执行的程度如何？执行中是否有偏向？并可研究政策的正确性。同时干部不要简单的接受批评就算了，必须根据事实，追求客观的原因，特别是有关政策的问题，必须深入反省自己对政策的认识，错在何处？如何才是正确？重视群众意见，深入检查政策，这是检查工作的两方面。互相参考，互相对证，必须加以研究，提高干部思想上的认识，学习了政策，改正了错误的认识，又重视群众的意见。这样检查，对改正今后工作会起很大的作用。这是我们的一点感想，以供各地的选举工作的同志们讨论。

1945 年 11 月 30 日，第 2 版

甘泉甄士英乡　党员干部起模范引导群众提出批评

四区甄士英乡进行选举，为发动群众检查政府工作，首先发动党员起模范作用，该乡支部提出：凡党员干部，对群众所提出的批评意见，要保证做到：对的诚恳接受，笑脸相迎；不对的，给以耐心解释，决不要当场面红耳赤发脾气，或存会后报复心理。在该乡三行政村的村民会上，刘润堂说："我到米家沟住了多年，没拿过别人的一点东西，但有人说我偷了别人的米，弄得我很难受，总觉得出门人就这样'低达'（即受欺之意）。"刘润堂说完话，众人问道："是谁说的？有啥说啥，怕谁！"治安主任苏正富，听了刘润堂的话，心里早有打算，知道是在批评他自己，他故意对刘润堂说："不怕么！是谁就说谁，说出名字来，他也不会脸红。"刘润堂接着说："是你！还是谁!?"苏正富接着以诚恳的态度承认自己的错误，他说："对嘛！这样就批评的对，当时是怪我没调查事实，乱说一气，是我的不对，大家看还有什么不对处，都可以提。"这样，会场马上有些混乱，群众在互相酝酿着要提意见。一个移民站起来说："我也有点意见，我到这村里今年刚三年，公家说难民三年不负担，今年我出了一斗夏征粮，不知是啥原因？"村主任接着说："对！这意见很对，难民

三年不负担是政府规定的，只怪我错了。”一个老汉说：“对！有啥说啥，我们说话不是报冤，是为了把工作做好，干部们也不会报复。”到会群众都说今天的村民会开的好。经过数日的选举工作进行，村干部会上做了检讨，有如下几个缺点值得注意：（一）着重了对干部的教育，而忽视了对群众的教育。（二）在酝酿乡代表时，群众认为：乡政府的干部是当然代表，用不着提在名单上，还有的不了解乡政府的人员能不能被提为代表。因此乡干部没有一个被提为村代表的候选人。（三）在酝酿村、乡代表的初选中，群众多提能说漂亮话的，及本村人。（四）干部向群众的反省，只检讨了过去缺点，没有提出今后的计划。

1945 年 12 月 1 日，第 2 版

靖边镇靖区姬助理员下乡要官僚 乡干部不满，提出正确意见

刘　云

这是批评一个区助理员下乡帮助工作要官僚主义态度的事实：镇靖区姬助理员下五乡帮助工作，他一到乡政府，没有做任何调查，不知道干部会议进行到什么程度，就发号施令的指示了一大套：“如何酝酿意见，如何提乡长候选人……”马指导员告诉他说：“在代表会议上代表们已提出了三个乡长候选人。”助理员就很不高兴地说：“候选人最少要提五个，昨天提出的不算，今天重新提!”接着又把各方面批评了一顿，乡上同志认为助理员的意见不一定对，就同他反复商量，这时助理员就发起脾气来：“你们大家看，愿意怎样就怎样，我是代表区上给你们解答问题的，你们搞好搞坏跟我没啥关系。”这位助理员有些问题的还不如乡上的干部。例如乡上提出：“军队拿了我们一口锅，他们开走了，锅还没有还!”姬助理员的答复是：“这事由我们区上负责。不过，我们就去要过许多次，有次，许区长去要，结果锅没有要回来，还被人家骂了一顿，谁不知道军队厉害嘛，真的不给，还不是没办法。”这种解答引起了大家很大不满，当时就有人提出来：“军队把锅拿去也不是说就

要不回来，那次骂区长完全是一种误会，不能说军队可怕啊，这军队还不是咱老百姓的军队。”

1945 年 12 月 28 日，第 2 版

延川城区六乡　一行政村主任杨忠公道负责受到表扬

在城市区六乡的代表大会上，并提出了好坏干部材料教育大家。表扬了一行政村主任杨忠同志，担任工作五年，积极负责，力持公道。北塬村村长杨万亭同志，自三七年任村长到现在，三次连选连任，这次选举时，村民说：“除了咱们杨万亭这人，再就选不下好的了。你看那后生多忠实，抗工属没柴没水，他就给驮水拾柴”，同时批评了三行政区村主任惠载厚，总推脱工作，滑头，且有不良嗜好，还犯政府法令。四行政区高家湾长冯生祥在负担上经常捣鬼，使该村贫户重而富户轻，并包庇违法的人。

1946 年 1 月 4 日，第 2 版

定边二区干部会上检讨　有些乡干部为啥不积极？　原因是区上干部态度不好

定边二区在选举中发现有些乡干部工作不积极，追究原因时，有人就说：“区上批评我们说我们对群众态度不好，但区上对我们也是耍脾气。”因此，区上干部在总结第一阶段选举工作的会议上，就向乡村干部做反省。如区委宣传科长杨志才同志，在五乡处理问题时，要态度捆绑了群众，受了县上的批评后，就抱怨乡长道：“你当的什么乡长，如果把问题都处理好了，我还能受批评吗？”他也曾把四乡乡长批评的几乎要哭。在这次会上做了自我批评。区上并即解决具体困难。如允许发给每个干部五斤毛线打袜子，直到开会时还没有发给，这次会上就决定补发。

1946 年 1 月 7 日，第 2 版

在群众批评监督下　延县区乡干部工作作风进步

李　冰

延安县的区乡干部，在去年的选举运动中，思想和作风都有了很大的进步。特别由于群众的检查，不少干部进行自我批评比较诚恳彻底，如何庄区的五乡长张台德在村民会上就诚恳地批评自己，又恐怕群众当面不敢或不好意思提意见，自己便走开，好叫群众尽管提意见。同时群众的批评和监督，不仅使干部认识自己的缺点，而且开始改正。如柳林区四乡长刘俊德当了三年乡长，常不“守机关”，群众要解决问题或割路条，常到处找乡长，误工很大，在这次选举中群众大小提了百多条意见，他先生气不大想承认，也不想再工作了，经过区长说服才承认了错误，群众又选了他，他当时以为群众故意捉他。不久他娶儿媳妇，本区各村群众都来热烈祝贺，这使他受了感动，以后他工作很积极，准备很快把政府工作制度建立起来，与指导员轮流“守机关”，再不叫群众多误工。金盆区助理员赵忠信，经过批评教育，强迫命令的作风逐渐克服了。在选举中四区马通川发生赌博，他向大家讲了道理，叫大家散了，自己没有动手打骂，而将赌犯交给区代表会处理。以后在许多次的解决问题与动员工作中，他再未打骂过群众。

在群众检举下把个别多年来埋藏的贪污腐化份子揭露出来，使得某些和他有同样毛病的干部得到了教育，川口区二乡长许兴亮，在旧社会就是个流氓，在二乡当了五年乡长，一贯不下农村，他生活腐化，以前偶尔下乡还骑马，并借机会向群众揩油，如老百姓结婚离婚要证书，一定得先请他吃，给他钱，不然他就不准或故意拖延。又如王天才婆姨结婚，就给了他一万元。他并拉拢了乡上的四个主任耍私情，互相包庇。一般干部与群众都敢怒而不敢言，前年该乡组织干事会几次向县区告他迄未告倒。这次放手发动群众以后，群众便对他种种恶劣行为揭发出来，进行了激烈的口争。将他连同四个主任完全选掉，使这几个有毛病的干部也认识到“民主真厉害呢!”

从以上的事实中，说明通过群众是教育干部的主要方法之一。领导上衡量一个干部也应以群众的衡量为标尺，我们每个干部都应受群众的监督与教育。

1946 年 2 月 19 日，第 2 版

需要与可能

春耕时的卫生工作之一是修理水井，如何进行这一工作，下面提供一则材料供大家参考：

去年夏天，吴满有乡群众死亡很严重。到五月间全乡共死了五十七人。当时乡上曾专门召开干部会研究这个问题，大家认为这种现象和吃水很有关系。全乡有十七个井子，其中一部分井子不好，人在井里打水吃，牲口也到井里去喝水、拉屎、尿尿，把水都弄脏了，同时还有的地方群众吃河水。于是便动手发动群众围水井和挖水井。先在乡政府所在地庙河村着手，在那里打起来井子，然后又推行到糜塔、南庄河、王家窑子、康家圪崂等村都打了或挖了井子。

因为上述村子打井子的成功，六月间夏耕的时候，乡上便派政村主任到秋树塔发动群众打井子，因该村只有一个井子，在背山崖里，晒不到阳光，又离河近，河里一发水井子就被淹没了，只好吃河水，所以病人很多，死人也不少，村主任到那里召开了村民会，宣传一定要大家打井子，因为干部一定叫打，群众就应承下了。村主任回去以后，乡上还专门派了一个石匠来帮助他们打井，可是石匠到那里并没有受到欢迎，因为他们还没有动手打，而且当时也不准备打。十一月十四日，村长和村主任到那里召开选民会，谈到关于打井的事情，当时群众都说："打井子是好事，有了好水，人吃，不柳拐子，婆姨能生娃娃。"乡长就问他们，既然是好事，当时为什么不打，马上就有姜怀有老汉说："井子该打，可是当时大家都忙着锄草，顾不上，眼看地要荒了，所以没有打成。"王乡长承认了那时候没顾到大家农忙，便叫打井做的不对。然后问大家什么时候能打井？当场就有高合昌和薛荣贵都说："庄稼收停当啦，现在就可以打。"大家都同意。便马上

讨论打井的办法。最后决定打土工谁打大家出钱给工资，打到石头上再请石匠。第三天，高合昌、薛荣贵、李万成三人便联手打起来，终于打成了一个新井子。

许多对群众有利的事情，群众也认识到是件好事，但是当他们的力量和条件不具备，干部又不深入调查研究，帮助加强这些力量和条件时，这件好事还是办不起来。群众需要的事情，还要在他们可能办到的时候才能办起来。

1946年2月25日，第2版

关中干部为群众服务，带药下乡治疾病，节省民力多生产

关中各县今年春耕中所存在的劳力缺乏、粮草农具不多，春瘟流行等实际问题，绝大部份在干部努力下及时得到解决。赤水五区吐黄水病流行时，县上派医生到该区给群众看病，区上干部下乡工作时，身上随带药品，亲自为群众治病，淳耀三区四捻上村村长看到本村群众牛没草吃，便亲自领导群众上山割野草，三天功夫割了一千一百斤。该县四区干部看到群众今年招不到伙计，影响春耕；便普遍推行劳动互助组织，来解决这个困难问题。赤水县府在春耕中，由乡社运输队替群众给军队运输粮草，现已运了六百石粮，十多万斤炭，七万多斤草。余三百石粮，准备马上开始运送。据统计，仅这一项，即可节省人力四千一百多个，畜力也在四千个以上。新宁一区乡长梁满仓怕耽搁群众生产，亲自捎上花口袋，到各村给群众散发。淳耀县府在十月十五日区长联席会上，决定干部要重视民事调解工作。春耕中群众之间发生纠纷需尽量在当地解决。如区里不能解决时，应把双方情况详细调查送到县上，以便得到迅速处理，免得群众来回跑路，浪费劳动力，耽搁生产。

1946年5月15日，第2版

二 是否还有老一套

张铁夫

本报陆续报道了延安县今年春耕工作的成绩，特别是他们领导群众解决春荒困难，积极帮助和领导群众植棉，及一部分区（如柳林，川口）注意改造坏村庄，这些成绩说明该县今年春耕工作中有了很大的进步。但如严格的来检查，该县春耕工作中还有不少弱点，尤其是对于改进工作作风及改进农业技术这两个今年生产运动的主要方针，还未能充分的执行和贯彻，仅将记者所闻所见写出，以供各地参考，并就商于延县同志。因为不明确讲出这些缺点加以研究和改正，而只满足于某些既得的成绩，则不能使工作进步，不能使今年的生产达到“超过以往任何一年”的目的。

如有不当之处，尚希延县同志指正。

一个区委书记说，他们区上有一个模范劳工队。但是当问到他们这个模范变工队的具体情形时，他却不太清楚。

问：“这个劳工队几个人参加？现在生产情况怎样？”

答：“关于这些情形我们给县上写的生产报告中都有，我没带着这材料。”

问：“这个劳工队是怎样组建起来的？干部用了些什么办法？有什么经验？”

答：“办法就是开个村民会，动员一下，宣传今年生产重要。今年我们的干部下乡不少，但从来没有好好的总结经验，做过去就忘了。”

就在这个区，据该区区长说，今年春耕中，区上的干部没有一个亲自动手，组织和领导一个变工队。

记者曾阅读了各区春耕总结报告，并参加该县春耕总结会，听了各区的汇报，觉得中共有不少是沿用着老一套的方法。在他们的报告和汇报中，开头先叙述从区到乡到农村如何动员和布置开过多少次会，到了多少人，那些人讲些什么话，然后举出几个关于调剂粮食、组建劳工队或植棉等好和坏的例子，至于干部如何领导、采用些什么办法，有什么经验，则很少谈到。

把工作只当成简单的完成任务，这种现象在不少干部中存在。比如有一个区为了来县上汇报工作，他们专门调查了两个村的“典型”生产材料，这些材料都是数目字，问到他们如何领导和组织这两个村的生产，他们不知道。六月初各区书、区长来县上总结春耕，但对于目前田苗情况特别是麦子黄疸、黑疸病及群众夏耕准备和进行情况，这样一些目前的也是最需要的情况，区上的同志大部分都不能具体的说出来。春耕总结会的前两天，县上才专门派干部到附近村子具体调查和统计了一次麦子黄、黑疸的情形，然后整理出来送到分区。但他们自己并没有研究解决这个问题的办法。

各区在报告工作成绩的数目字和例子时，没有加以很好的分析：那些是群众自发的进行的，那些是经过干部的组织领导、并帮助他们具体解决困难后发动群众进行的，因为不这样就不能看出我们干部领导的具体作用。严格的说，在我们干部一部的宣传和号召下，（不是具体深入的组织领导）特别是今年又具备各种客观有利的条件，群众自己所进行而得到的生产成绩。（如河庄区报告全区春耕中共调剂粮食三百零九石，但其中经各级干部亲自组织的十只有三七石）。

改进农业技术是今年生产工作的一个很主要的方针。延安县在一月开的冬训班曾经很认真的研究和讨论了这个问题，强调干部都要学习农业技术，而且在推广优良种子，改进农作法等各方面有具体规定，比如乌阳区政府去年种狼尾谷成功，今年就决定该区推广狼尾谷，川口区去年有群众种二混子玉米比马齿玉米还好，今年就决定推广二混子玉米。但结果大部份区乡对这个工作却做的很差。如乌阳区政府所存的二十一石狼尾谷籽，春耕开始时曾宣传农民兑换，其他区也有跑去兑换，共换出十余石，但问到现在农业种植的情形则不知道，因为把籽发下去，干部就没有进一步的具体组织和指导农民进行种植。二混子玉米的推广在当时会认为是较好的办法，但会后干部没有过问，据说，去年种二混子玉米成功的川口去高磨湾今年还种了一点，其他地方推广二混子玉米的计划只是一个计划。蟠龙区干部给农民宣传叫种狼尾谷，群众说狼尾谷打粮不多，不愿种，干部也没有与农民共同研究应用具体例子去宣传，甚至区上的机关生产也没有种狼尾谷。由于干部没有对农民进行具体的农业技术的指导，牡丹区有的群众每亩棉花会下十二斤籽，几乎浪费了一半以上。

光华农场给该县调剂四石马齿玉米，四石新黑豆，三石新黄豆，二百一十三斤美国和四川洋芋籽，还有糖葡萄籽、狼尾谷籽等，县上发下去到现在不知道种植情况。这些优良籽种今年大部分系试种性质，像这样干部不具体指导农业种植并及时检查出苗情况和成长情况，及研究经验和方法，则明年就很难推广。

该县县级领导作风，在今年春耕中曾表现了若干进步，这表现在他们抓紧指示和领导区乡干部解决农民春耕荒困难，帮助群众植棉（如代农民买棉籽等），据他们说，自三月八日到五月十五日县上曾四次派干部到各区乡领导和帮助工作，这是好的。但是，县级干部下乡如何领导和帮助区乡工作这是一个值得研究的重要问题。在该县有一部分县级干部下乡去真正能帮助区乡干部工作，教以工作方法，并能深入群众为群众解决问题。但也有一部分干部下乡去只是像一个区乡干部一样只在一个村或一个乡做一些零碎工作，而对这个区乡的全面工作没有给予帮助和指导，更不能具体教区乡干部以工作方法。另外还有一部分县级干部下去只是走一趟到区乡干部中问一下啊，了解一些粗浅的情况和一些数目字，后两种为数不少。而且这些干部从区乡回县后，也只简单地汇报一下零碎情况和数目字，并未进行很多的研究，总结方法和经验。

在工作中，县上未能及时总结和介绍各区的好坏经验以指导各区工作。上述各区工作中的缺点，县上要负很大的责任，因为县上没有及时指导和纠正。同时该县在春耕中也出现了不少好的工作经验和方法（如柳林区干部按季分工领导各乡、注意改造坏村庄等）县上也未能及时了解和研究、介绍到别区去。即以这次春耕总结来说，各区汇报了简单情况和数字后即算结束，县上未能组织和启发大家讨论、研究，而柳林、川口等区注意改造坏村庄等新方法，亦未引起县级领导上应有的重视。

还有一个问题阻碍我们工作的进步，那就是批评和自我批评未能很好开展。这次该县春耕总结时，先由县府四科同志做了一个初步总结报告，里面没有提到任何缺点。各区发言中，十个区也没有一个区对县级领导缺点加以批评（各区对自己的缺点也很少批评和检讨，有的也只是很肤浅，很一般）我曾经问一个区上的同志，他们为什么对县上领导的缺点不提出批评，他说，第一，因为区上不了解或看不见县上有什么缺点，第二，因为是上级，不好意思或不敢批评。这是一个很值得注意的现象。

1946 年 6 月 11 日，第 1 版

华池干部在春耕中，两种方法，两种结果

陇东地委秘书长白向银同志报道：由于县、区、乡不少干部深入农村，具体领导，结果突破了华池群众没有普遍锄麦的习惯。据四月廿一日初步统计，全县锄麦已达一万两千余亩。并给群众解决了春耕中的许多困难，政府除借给群众一部分公粮外，发动群众调剂籽种六十余石、吃粮九十八石，耕牛一百一十七头；因此，在下雨前（五月初）已开荒一万两千亩。此外，普遍的发动了用盐水灌羊，减少了羊子的死亡。春耕工作，于五月七日进行检查，检讨了下述两种不同的领导方法及其结果：

一种是深入农村，具体帮助群众解决具体困难。比如：元城区干部何仲孝、武修亮，到一乡一村去发动春耕，首先了解春耕中群众有什么困难，他们发现四十二户人家，就有廿四户没有粮吃，除过一家外，牲口均无草。解决办法：除由仓库贷出一部分外，又用很妥当的办法发动群众调剂，比如高岭有两窖草，计划开店，他们经过当地有威望的高明山，劝高岭有调剂出一部分，并比市价每百斤低五千元卖给群众，这样解决了牛草问题，把群众生产情绪提高了。又如温台区区长王杰，到二乡去调查生产，乡长李满堂蒙骗说麦子都锄完了，棉花群众不愿多种；区长就领着乡长一同上山去检查麦地，调查群众是否要棉籽，结果发现未锄的麦子很多，群众说种棉花没籽，王区长便用具体事实教育李区长，李区长反省说："我怕麻烦，没有去做。"

另一种是只布置，不给群众解决问题，比如：悦乐区助理员安云

□，到二区去动员生产，下去后不问当地情况如何，便召开干部会布置了八项工作：（一）调剂土地，（二）调剂籽种，农具，（三）锄麦，（四）种棉花，（五）种大苗，（六）统计没粮吃户数，（七）优抗，（八）组织劳力。布置了以后，便到五乡去抓赌博，七八天才回来。结果二十几天什么也没有动手。区书记获悉此事后，又二次去布置。又如白马区四乡乡长乔步银，每天骑着马跑私事，乡政府开会也不按时到，来了后又不检查，开口就批评这个那个，有一次乡干部到齐了要开会，等他不到，后来又派人去找他，他装着醉了，因此县府决定将他撤职。

1946 年 6 月 12 日，第 2 版

两种认识，两种效果

——下乡杂记之三

延国民

同是一件调剂粮食的工作，从下面两个例子可以看出两种不同的认识、两种做法和两种效果。安塞五区，区干部房鸿泰同志，当他向该区崖□村有粮户乔万义调剂粮食的时候，因为他对一般农民的保守观念缺乏足够的认识，同时又怕麻烦，因此，只用一般的互助友爱的道理宣传了一下，结果终于无效。也正像房同志自己在区的干部会议上说的："调剂粮么！调剂来了就调剂来了，调剂不来就算了，何必多费口舌，说那么多的好话！谁又不比谁'低达'多少！"我们从房同志自己所说的这一段话里，就可以看出了，在他的思想上，对新的认识，和对新的工作方法，接受的很差，虽然他没有采取强迫命令的方式，但也仍然是怕麻烦，不愿用耐心的解释说服工作，认为解释说服是"多嘴多舌"，认为用好话相劝调剂粮食，是一件"低达"的事，而就没有认识到：调剂粮食，是为了帮助缺乏粮食的群众，解决困难，推动生产，这是为人民服务的一件具体工作，同时为人民服务，说几句好话，也并不是什么"低达"的事，而相反的，却正是一种值得表扬的高尚的群众观点。

与此相反，该区区书记郭存道同志，为了向张家山有粮户张三调剂

粮食，曾用一个上午的时间，和张三谈这谈那，称哥唤弟进行耐心的解释，使张三感到很亲切，并说明调剂粮食用低利借出，不但与自己有利，同时又是一件救人的好事。经过郭同志这种亲切的态度，耐心的说服，张三终于将自己的粮食拿出一斗，愿意无息出借。虽然这个数目不多，但他还可以解决一个劳动力一个月的吃粮困难，而这一个劳动力，在这一个月的时间里，又可做到将近卅亩庄稼的及时下种。但是，有的同志嘲笑郭同志费了那么多的时间，出了那么多的力，才只调剂出一斗粮，简直像干部在“讨吃”，感到这样做有些羞愧，而郭同志认为这种说法是不正确的，他并不因为别人的嘲笑而灰心。像郭存道同志这样的工作态度与工作作风，在各地春耕中是不少的，这里只不过略举一例而已。

1946 年 6 月 29 日，第 2 版

形式主义和铺张浪费的作风应该彻底转变

自从整风以来，我们在工作作风上，已经有了很大的转变，但至目前为止，各地区各部门中残存的形式主义和铺张浪费的作风，还没有彻底的转变过来，甚至在某些地区和部门中还特殊的严重些。例如某某学校由于开一个周年纪念会，竟靡费边币一千五百万元以上，这是一件事；又，学校上半年上的教学计划竟到暑假时才写出来，这又一件事，又，学校更换校长及教导主任，总共四个干部，欢迎、欢送先后半月之内，大小会举行了九次，仅水果一项，就靡费边币几十万元，吃饭还在外，这又一件事；又，该校副负责人刚到任，便急于设一副教导主任，要从教员中提拔一位，甚至旧的负责人也不同意，并在请示上级的函件上，拒绝签字，然而我们这位新副负责同志竟“大权在握，我自为之”，实际上二百多人的学校，有了正副校长，再有一个教导主任，也就够了，何必硬如此勉强。尤其值得考虑的是旧负责人所以不同意，是由于这一教员是因为私生活问题，在教员与学生中影响恶劣，而竟不顾工作得失毅然为之，形式主义到这种程度，也就够一个典型了。

诸如此类，都足以证明我们工作作风上，有些干部还不够实事求是，华而不实，金玉其外，铺张炫耀，出出风头，重床叠架，攒足门

面，酬宴，应付，不求实际，其表现因地、因事、因人、因时而不同，但其根源却是一个。当然我们也不是不分青黄皂白一切不要形式，有些必要的形式，在有利于工作的情况下，仍然应该实现，例如某某学校新负责人到校之后，每次开一般性的大会一定要炊事员代表请来参加，这样不仅鼓励而且有教育意义。

毛主席告诉我们："以中国最广大人民的最大利益为出发点的中国共产党人，相信自己的事业是完全合乎正义，不惜牺牲自己个人的一切，随时准备拿出自己的生命，去殉我们的事业，难道我们还有什么错误的不适合人民需要的思想、观点、意见、办法舍不得丢掉吗?"

1946 年 10 月 21 日，第 4 版

群众工作问题

马绍明

在各个机关，各个技术部门做工作的同志当中，有些人时常流露出一种不正确的认识。他们热望着"群众工作"，对机关工作、技术工作简直不感兴趣，甚至讨厌。有的后悔地说："我以前不到这里来，在地方上工作多好呀!"有的更是斩钉截铁很气愤地说："我再不想做技术工作了，搞群众工作（搞工会工作）才适合我!"因此就工作不安心。

为什么会产生这种不正确的认识呢？首先是把"群众"这个名词狭隘化了，认为只有在农村中，工厂里的人才是群众，做群众工作就是为他们工作。非在农村里，工厂里工作的，如在军队的工作，党的工作，机关、技术部门的工作等都不是群众工作，好像这些地方都没有群众，为干部工作就更不消说了。少奇同志说：只把工会农会等群众团体的工作，看成是群众工作，但不把其他工作也看成是群众工作，这是错误的。

我们在农村里，工厂里，是事业工作，这是毫无意义的；可是毛主席又告诉我们：同时应该了解，为干部也完全是为群众，因为只有经过干部，才能去教育群众，指导群众。这是我们机关工作的同志与技术部

门工作的同志需要深刻了解的。再说，我们的一切工作同志，都是人民群众的一部分，都是工人阶级中乃至人民群众的先进份子组织起来的，军队是穿上军衣的老百姓，各种机关部门的工作同志，都是来自人民群众中而又为群众、也就是为自己工作的。

革命工作是庞杂的，每一件工作都要有人去做，这就是革命的分工。同时，每种工作有每种工作的群众，工作既然有群众那么就不愁自己的前途了，只要自己的工作做好，有成绩，诚然各种工作有各种工作的环境，工作的对象，工作的方式方法，比如，我们做印刷工作的，是提高本身的业务，印刷品要使编者、读者满意，经常征求编者、读者的意见。做农会工作呢？便是了解群众的切身利益，解决问题，如何推动群众、组织群众、领导群众翻身，这正是少奇同志所说的“事业不是唯一的”所以工作也各有不同。

从小处看，我们做了“直接的做了一部分工作与为部分人民服务”，从大处看，我们做的部分工作，“间接的推进与加强了整个革命工作与为全体人民服务。”这是我们对工作认识的出发点。总而言之，一切的工作同志，都做了，也正在做着群众工作。

1946 年 11 月 12 日，第 4 版

第六部分

惩治干部腐败
严肃工作纪律

导　语

“没有规矩，不成方圆。”中国共产党是靠革命理想和铁的纪律组织起来的无产阶级政党，纪律严明是党的光荣传统和独特优势。在革命时期，我们党能战胜强敌、克服苦难，赢得中国人民解放战争的最后胜利，纪律严明是“首要条件”。陈云指出：“一个革命的队伍必须有铁的纪律，来保障完成革命的任务。”在延安时期，我们党始终高度重视纪律建设，一方面在各个方面建立起相关制度、规矩。自六届六中全会通过了三项“党规党法”——《关于各级党委暂行组织机构的决定》《关于中央委员会工作规则与纪律的决定》《关于各级党部工作规则与纪律的决定》，到七大党章的通过，我们党形成了一整套具有鲜明中国特色、中国气派的党内纪律法规体系。另一方面，制度的生命力在于执行。执行纪律是严肃认真的，无论是领导干部，还是普通党员，纪律面前一律平等，党内绝不准有不遵守纪律的“特殊人物”。纪律是铁的、带有强制性，但必须要靠党员自觉来执行。因此，必须要加强对广大党员的纪律教育。毛泽东在六届六中全会上曾讲：“经验证明：有些破坏纪律的人，是由于他们不懂得什么是党的纪律。”纪律教育的方法是多种多样的，党员既能通过学校课堂学习必要的基础知识，也可以在所在支部中通过积极健康的党内政治生活进行强化，还可以在党的刊物上通过阅读正反典型事例进行个人学习。

本部分我们选编了21篇文章，这些文章报道了延安时期一些干部违反群众纪律和经济纪律的事例，对这些反面典型的公开报道，对广大党员是一种重要的教育。在这些事例中，有的干部工作松懈、不负责任，他们以非常“宽大”的胸怀对待本身工作的损失，也有的干部“缺乏民主作风，私情观念浓厚”，经常打骂群众、侵占群众财物，还有诸如肖玉璧这样严重侵吞人民财产，浪费挥霍，给党和人民造成极大损失的“莠草”，对于这些人的处理，从党内批评教育到罢免公职，再到判处徒刑直至枪毙死刑等等，显示出我们党揭发错误、惩处腐败“零容忍”的坚决态度。对错误的这种严肃态度，不仅对广大党员干部起到了极大的警示作用，更赢得了群众对党和政府的认可和拥护，很多群众表示：“我们老百姓真是当了主人了。”正如歌中唱的那样，“解放区的天是明朗的天，解放区得人民好喜欢，民主政府爱人民呀，共产党的恩情说不完。”

曾任张家畔税局长，肖玉璧贪污公款三千余元判处死刑

曾任张家畔税务分局长之肖玉璧，在任内贪污公款三千零五十元，已于日前被边区高等法院依法判处死刑。

按肖玉璧在民国廿二年即参加革命，曾任区主席，贸易局副局长等职，犯罪前任张家畔税务分局局长，在任内即发生如下之贪污事实：

在民国廿七年，挪用公款二百八十元。后结识在靖边太黄口开店之退伍军官张某，张某即要该犯为他招募新兵，说："招满一营即为营长，招满一团即为团长"，该犯利欲熏心，为了升官发财，不惜前后两次挪用公款二千五百廿元，借给张某，企图达其升官发财之迷梦。用多收虚报方法，欺骗上级。民国廿八年二月间，经财厅发觉，当派员与之清算，该犯借故出外讨账，后拐带公款二百五十元税票十八张，实行逃跑。逃至宁条梁，将税票以七十二元卖给徐二，但因税票期间已过，不能使用。徐二又复退回该犯。同年四月间，该犯潜至绥远东盛乡桃力明地方会晤张某——此时张某已在某部当连长。该犯乃受命回宁条梁为张某招兵，共募集十三人送往张某处。随后招兵不着，无以为生，乃潜回清涧原籍，当被发觉捕捉。

1942年1月5日，第4版

从肖玉璧之死说起

肖玉璧判处死刑了，因为他贪污，开小差，为升官发财以致叛变了革命；虽然他还当过一些不小的"官"——区主席、贸易局副局长、税务分局长等等。

据说，边区近两年来，贪污案件占总案件百分之五还要强，反贪污的斗争是非常要紧的！

今年，是边区更发展的一年，但也是更困难的一年；在和困难搏斗

中，定会有千万个英雄挺身出现；但，却也难免不有“肖玉璧”式的“小丑”，贪污腐化、怕困难、开小差、或者竟走向叛变之路?!

我们要严重的注意！注意每一个与贪污的斗争，抓紧揭发每一个贪污事件，我们一定要做到：在“廉洁政治”的地面上，不容许有一个“肖玉璧”式的莠草生长！有了，就拔掉它！

1942年1月5日，第4版

经建部第一炭厂主任郭垣才　工作不负责营私舞弊　支部予以最后严重警告　行政上决定将他撤职查办

后勤经济建设部企业处第一炭厂主任郭垣才同志，于一九三五年入党。他在日常工作态度上表现了不负责任，他曾经这样说：“上有经建部，下有窑头。”由于这种错误观点的发展，郭垣才同志由失掉工作立场而被落后分子所利用，由自己不负责任，从领导地位转到被坏人指挥，造成很多不必要的损失。当人报告给他：“炭窑快塌了！必须即日用工架撑，不然就不能继续开采。”他从不进窑去观察，只是呈请上级拨款，命令下级修筑。后来上级检查工作时，才发觉这是工人捏造的，而领的公款，已经工诸流水了。第二次工人又报告：“窑内风洞阻塞，空气缺乏，工作无法支持，请求另开风洞。”而郭垣才同志并没有接受上次的教训去作实际调查，甘受骗局，仍然拨款，又浪费公款三百六十余元。此外郭垣才同志的私有观念也很浓厚，他有一个原则是个人高于一切，因此徇私舞弊就贯彻在他全部行为中，当炭厂和供给部交炭领粮的机会，他每一大斗五十元领回，换小斗四十元卖出，这是舞弊方法之一。其次是不忠实，虚报帐目和单据。同时又以克扣下属，抽斤换两等手段，已入私囊的有五百八十二元四角五分，可是他却不肯坦白承认，伪称该款寄存于民业剧院内弟杨全宝处。后经杨说明并无此事，他才默认。综合郭垣才同志的各项错误，当经支部大会通过，予以“最新严重警告”，行政上决定将其撤职查办。

1942年4月6日，第2版

工作总结会上　鄜甘警区干教队大队长成绩恶劣备受批评

警区干部教导大队于本月三日召开支部大会，总结去年六月开学以来的工作。首由支部书记报告十月来的工作概况，继由大家发表意见。在会上大家除以“脱裤子”的精神做自我检讨互相批评外，大家一致着重指出该队大队长在这短短十个月中，因轻视政治干部，提高自己打击别人，贪污腐化等等许多不良的现象，以致酿成本期不但教育成绩收效不大，而且发生了如下接二连三的严重事件：一、学生组织逃跑三次。二、开除学籍者五人党籍者三人。三、自杀者一人。四、闹学潮不下六七次。当大家热烈发表意见后，该大队长又起立发言他说：“你们大家指出的均很正确，实在今天我不但要改正我的错误，而且我还很感激大家指出我的错误的盛意。”会议自午前八时一直进行到晚上才告结束。

1942 年 4 月 8 日，第 2 版

东关乡长违法　撤职处分

东关乡长葛凤江，自任乡长之后，对工作责任心甚差，并于办公时间内外出赌钱，当群众拒绝他赌钱时，他说：“有乡长在，怕什么”！又东关乡自卫军连长王文忠，自为连长，尚敢私贩烟土。昨日召开之东关乡政府乡议会，议决：给予该两人以撤职处分。乡长一职，暂由督察员罗伯年代理。自卫军连长由副连长王玉明继任。

1942 年 8 月 2 日，第 2 版

绥德两乡长贪污　人民严正批评　县府予以惩罚

辛店三乡乡书乡长范存金，贪污腐化，征粮舞弊县府已予他以处

分。在该乡参议会上，参议员纷纷发言，相继指摘范存金在去年收运盐代金时，挪用公款四千多元及储蓄奖券一千余元至三四个月之久，克扣政府发给人民之粮价今年并克扣部队发给人民之草料费，参议员王怀礼最后提出：范存金利用乡长地位，减轻自己公粮将应负担数推给别人，如前年公粮少，他出了一石四斗，去年公粮多，他出九斗等错误，大会斗争甚烈，甚至群众，亦跑进会场指责范存金。他俯首无言，当即全部承认，大会决议呈请上峰解决。并要马区长利用马家楼唱戏机会，向人民宣布。当马区长在戏台上宣布时，群众均喜形于色地说："儿格的参谋会开美了，真真的替老乡做了主了。"

辛店区二乡前乡长马积德贪污腐化，被人民告发，县府严加追究，马氏承认私用运盐代金四千余元，储蓄奖券一千三百元，代买粮价二千五百余元，经商渔利，典地数垧，并生活腐化，受贿放赌二次等，除经区府、法院将贪污之款追回外霍，县长当面予以申诉、干部惩奖委员会，决定将此消息公布，以儆效尤。

1942 年 11 月 20 日，第 2 版

葭县螅镇公营商店，拥护严惩贪污，开会检讨王华亭罪行

边区高干会惩罚之贪污腐化干部王华亭，已在此间各公营商店内引起警惕，因王华亭曾在螅镇管理货栈年余，此间干部均甚熟悉。公营商店联合会特于上月二十二日召开全体会员大会，根据本报所载关于王华亭之劣迹，进行深入之检讨。盐业公司葛副经理首讲：公联会今后应加强思想领导，以便克服个别人贪污腐化，脱离群众等不良现象，彻底清洗蜕化份子王华亭行为的残余。贸易局任局长认为：公营商店工作同志，首先必须认识经济工作在目前革命工作中，占有重要地位，应重视自己的职责；每人必须在思想意识上常加警惕，勿影响到政治思想的变化；而螅镇为商业及交通要地，环境颇为复杂，假使不予注意，就易为堕落行为所影响。与会同志相继发言。最后一致决议：（一）学习廿二

位生产英雄对待经济工作的态度和认识；采取一切正确办法，努力完成任务；（二）加强思想意识的锻炼，及时揭发贪污自私现象，加以纠正；（三）严格遵守政府法令；（四）与各方密切联系，团结群众，尊重群众利益。

1943 年 3 月 14 日，第 2 版

子长乡民大会罢免坏乡长

子长东一区一坏乡长杨洪栋，和指导员史志才，是两个很坏的乡级干部。群众对他们极端不满，在上月开的乡民大会上，一致提出将他们罢免了。

杨、史二人，原系不务正业的浪荡汉，受旧社会恶劣影响很深，自四二年担任工作以来，一贯的瞒上欺下，强迫命令，耀武扬威。他俩曾说："做工作不受到群众三分之二的反对，就不能把工作做好"，从这一句话里，就可看出他们是和群众怎样尖锐的对立了。在征收公粮时，群众所缴的数目，不经过大家在会上民主商量，而是他们想叫谁缴多少就是多少。每次下乡以前，总预先告诉自卫军准备好绳子，如果遇见谁不听话，就把他"看起来"。有时，他们的身边，便跟随着拿绳子的自卫军。而对于招待他们不好的人，则故意加重他们的负担，假如招待的好，那就减轻了。去年征粮时，李申堂请他们吃了一顿好饭，因此少出了二斗。对于亲戚朋友，亦同样包庇，把郭家沟的一百二十块公地，竟私自给他们的亲戚耕种。他们贪污也是很厉害的，去年十一月间，史志才把全部代耕存粮变卖了四千九百元，当作准备过年的费用。还有，史志才叫杨家河的杨树园给他做了工，而硬不给一点工资，利用职务欺压群众。可是，关于他们这种数不胜数的坏行为，群众向他们提意见时，却遭受到他们的打击和威胁。他们说："官问官，民问民，和尚问的出家人，你们就是把我们告到上边，也没有你们的光沾。"结果群众将此情形，反映到上级来了。待事实被调查清楚后，随即召开了乡民大会。到会的男女一百多人，热烈的进行了揭发和斗争。大会从下午三时一直开到晚间十时，会中不断的有群众自动参加，有的人正在田间工作，闻

讯后没有回家去吃饭即携带着工具赶来。至宣布散会时，仍有人要求发言。全体一致的这样说："共产党是青天，可是他们两个硬要用手来遮天，这怎能成?"大家对于政府大公无私的把他们撤职和给予处分，十分高兴。

1944 年 8 月 6 日，第 2 版

甘泉二区四乡乡长指导员屡犯错误被撤职查办
马栏公安局长殴打工人关禁闭

甘泉二区四乡乡长曹芝生、指导员周文元，对工作一贯怕麻烦，常向群众发脾气，打骂群众之事不断发生，对政府法令，屡次违反。群众看到他们就害怕，但背后都叫他们"瞪眼窝乡长"，如今年三月间，许家寨村的群众，在许占有的坟旁边，打了几个窖，许占有就大不满意，后由群众调解，给姓许的请阴阳安土，共费用一万零五百元。乡长和指导员就把这一万多元，不分贫富轻重，给许家寨五家人平均摊派，其中有两家难民出不起钱，就叫出工，当时因正值农忙，难民雷英九不愿出工，乡长、指导员就硬不答应。党员李某看到他们如此做法不对，前来劝阻，但乡长和指导员却叫来几个干部，把李某捆绑起来打了一顿；并召开党的会议，要开除李的党籍，逼得李某只能承认"错误"。村上的群众对乡长和指导员这样办事，都不满意，但又怕报复，不敢报告上级。此外，他俩还帮助地主胡建生要土地革命时分给群众的东西，向群众算老账。乡长还高利放账，给朱焕然放了四万多元，均是二五的利息。八月十七日，县区干部到该地调查清楚后，先后召开群众会、参议会，发扬民主，征求群众意见，决定把指导员、乡长撤职查办。群众对这样处理，甚为满意。

马栏市公安局长李天鹏，自任修马兰石桥的监工以来，由于不善于指导工人，自己时常激怒斥责群众。有吴家英领导的照金区掏河水工人一队（四十名），廿日晚已经完工，但接替他们做工的另一队工人来迟了。廿一日早晨，李天鹏硬要他们派出七双桶的人掏水。工人因忙于及

早回去准备秋收，只答应出三双桶的人继续掏。这时，李天鹏不用耐心说服的方式劝导，竟以镢头背子打了吴两下。专署张代专员得息后，立刻前往查看，首先叫李天鹏向吴家英道歉，并根据公务人员打骂群众的不法行为，判处李天鹏关禁闭并撤职教育。将受伤领工吴家英送往医院休养，并发给保养金一万元。

1944 年 11 月 15 日，第 2 版

定边四区三乡乡长　徐得仁贪污撤职

杨正喜

贪污的东西，如数退还群众。

定边四区三乡乡长徐得仁，在今年三月给自卫军打矛头时，叫铁匠在他家里打，把一斤四两重的矛头减成十二两重，买下古时熟铁炮，给区上呈报成生铁，从中贪污了铁八十四斤半，炭一百斤。又给合作社入股，把自己好驴拉去顶了大价，这几天又把好驴拉回去换了个坏驴，仍照好价钱算。打矛头的炭不够用，强把质建昌的杏树砍倒烧了木炭。集合作社股金时，给村主任下命令，谁不出钱，就把谁绑来乡政府处理。收矛头钱时，老百姓家一时没有现钱，强迫要粮食作抵。于是引起人民和干部不满，都纷纷要求和他算账，开始区公署不调查研究，都认为徐乡长很好，一定是破坏分子从中捣乱，便召集大会，区委书记、区长对群众说，乡长工作很好，你们不应当这样办等，一面又给写信给县上说，群众与乡长算账是破坏活动，县上接到报告，从多方面考虑，认为不至如此严重，写信给区上，要他们详细调查研究，可是区上仍然没有深入的调查研究，对徐乡长的问题也没有很好的处理，于是四个行政村主任和群众二十来人齐到县上上诉，县上很快就派张模同志前去调查，原是乡长确实贪污，就决定将贪污的东西如数退还群众，并将乡长撤职教育，群众们才认为公平了。

1944 年 11 月 30 日，第 2 版

甘泉四区老百姓开会撤换坏乡长

刘生源

甘泉四区五乡乡长魏生德，一九三五年就参加了革命。当过乡秘书、指导员、区委的组织科长，张开口他可以说很好的道理，提起笔他也能写很多的字。只是因为他思想落后，不肯前进，虽然经过训练班的教育，他还是想退伍，尤其是近一年来他更胡闹了，当了一年乡长仅在乡政府住了三夜，经常把乡政府的门锁着；群众有了事他漠不关心，不能迅速解决。他偷偷做犯法买卖，别人违反了法令，请他吃了一顿馆子，就算解决了。对携款潜逃的魏占海不加扣留，和他谈了话，便私自放走。以上事实，被群众告发，由县委组织部长刘生源、保安科长贺极、区长张百成等前往调查，全是实情，经过乡级干部会的检讨，决定交群众会上解决处理。旧历二月十九日召开了群众大会，首先让他出来承认错误，次经群众纷纷提出请把他撤职。后由区长做结论，因为群众的要求是正确的，便把魏生德的乡长职务撤去。群众都说我们老百姓真是当了主人了，不但可以选举好乡长，而且可以撤掉坏乡长。

1945 年 4 月 24 日，第 2 版

清涧袁家沟人民　查核粮账清洗坏干部

记者按：清涧县抗工署共有二千四百余户，过去由政府领导组成人民互助代耕，保证了抗工属家庭生活，有很大成绩。政府为使互助团员义务负担公平计，按区统计统支，账目繁杂，因此给贪污分子予以可乘之机。

清涧袁家沟区人民发生查粮事件，区长能放手发动民主，县上一科长又去参加掌握领导，经过一百五十天的努力，彻底清算了乡村互助粮帐，罢免了贪污分子，奖励了好干部。原来在古历二月初，解家沟逢

集，袁家沟区二乡黄维藩等人同乡文书赶集，听到老百姓在议论互助粮帐目。归途中，黄维藩便以全乡的互助团员及优抗粮多少等提问文书，文书作了答。但回家不到一小时，文书即到各家更正已讲过的数目字，引起人们的疑惑。大家更知道乡镇府曾以互助粮救济难民，又曾出卖粮一石一斗，于是联合了黄俊辉、黄维刚、白亚元等人开过两次会，暗中到各村调查材料。到旧历二月十八日，便邀集了十七人到区控告乡长和文书贪污。区长白维玉倾听了人民的意见，就取出账目给大家看，检查出区府与乡府的账目差距有五石多粮，便委黄维藩、黄俊辉、贺尚银三人为组长，其余十四人分组为五组，授予下乡清查账目之权，可按户建立三家至七家的清粮小组，同时搜集人民历年来对政府工作及各级干部的批评意见。但这时区上未派干部参加掌握领导，以致清查组在农村中强迫人民参加组织。三月半，白区长曾去纠正了一些偏向，到四月中，黄、贺等人搜集干部贪污事实十九项交到区，县府一科长刘宗焕同志也亲来调查，召集了扩大会议，采取清算、调查、对证、研究、处理公布等步骤。扩大会议后，即按自然村、行政村到乡到区逐步进行清算，查出全乡共多出十四石粮，比乡府的账目多七倍，由清算组共同盖章为证。清算结束，曾因防旱备荒工作停顿半月，因此人民又集合了五六十人到区府催问，于是在旧历七月初即开始对证。清算组邀请了区上公正的老年人、有关的干部和人民及证明人，对证了问题四十几件（由人民提出由清算小组发现的问题都在内），原来由于怀疑，但在对证中经说明或证明解决了的问题有二十余件，实际有问题的计二十二件。这些问题都先由清算小组提出，经过有关双方辩解，最后由大家按事实轻重分别正式贪污与手续不清问题等，随即于旧历七月十四召集乡人民代表会议，通过了清算组的审查报告，提出处理意见：（一）多收的粮应退还给互助团员，所有被贪污分子私吞的粮，应一律退出；（二）在清查中，经过人民严格审查鉴定，工作全无弊病、忠诚纯粹工作努力应受奖的干部有行政村主任杨凤和其他八位村长；乡长白逢世与文书黄维新犯六项贪污错误，决定罢免并在人民大会上认错，再交县府审判；行政村主任白宣和贺锡巨、白如昇均因贪污，决定予以严格批评罢免，并在人民大会上坦白。领导互助团匿报名额的黄正金、白光增、贺治周，个人贪污的王道宽、惠金放、贺马杏均受严格批评、罢免，并在大会坦白。行政村主任白学周工作粗枝大叶，人民予以罢免处分。

七月十六日全乡开人民大会，贪污分子均在人民面前坦白悔过。

1945 年 10 月 23 日，第 2 版

子洲瓜区六乡乡长　不愿作自我批评

曹廷玉

瓜园区六乡乡长李兆洪，在选举中报告工作不愿向群众反省缺点，他说："人民知道缺点，他们提呀！何必自己先说呢？"选委会觉得他这个态度不对，当时替他检查出许多缺点，叫他向群众报告，可是他在报告时，讲到自己的优点，都说得很漂亮，讲自己的缺点时，却无声无气，不好好说，怕群众批评他。向对他有意见的人，语言恳求，如为借代耕粮，他辱骂过一个工属妇女，这个女人准备在会上批评他，他一见这个妇女就笑容满面，说："我知道你对我有意见，我骂你是我的不对。但是代耕粮我总算借给你了，你今天不能批评，不能给我丢人"。于是那女人说："乡长怕批评，那我就不说了"。会上谁也不批评了，只有几个青年提出来意见，一个青年自卫军说："乡长常叫我们检查土匪，我们有一次检查出三个人，去找乡长。乡长说：'他们？拿枪着哩！我不去，你们去吧'，说着就溜走了，后来我们硬拉住他，才一道去。"

选委会又劝乡长，为着改进工作，对人民负责，应将这些错误很好的向群众承认。他说："我没有缺点，你们为什么劝的叫我承认错误？"这样的态度，使得全乡群众，有许多意见没有提出，工作无法改进。

1945 年 11 月 30 日，第 2 版

干部怕批评和误工　采取应付或突击

永远区将近一月来的选举工作的初步情况做检讨，发现有如下几个缺点：（一）干部怕批评不检讨。如一乡长刘张生不安心工作，思想落

后，不想在一乡工作，不深入农村，至今连他自己的被褥都没带来，只等落选，这些落后思想都没给群众讲出，给群众作报告时，只讲一套原则，不讲本人的思想，当他征求村民对他的批评时，他说："大概我今年五六月才来，虽然时间不长，可能一些问题是前任乡长的，不是我自己的。"

（二）选委会干部不做工作，为自己做买卖妨害工作。如一乡郝国瑞，曾任过乡文书、小学教员等职，在一揽子会上选他为选委会委员，他没到农村宣传选举工作，到村上问了几个人就把居民总数字统计写了个单子，寄给了乡长，他也不参加检查会，乡长写信叫他来参加意见，他知道自去没个说上的，仍是不去，选委会要他重新登记，他说："要那样详细干什么？有个数目就对了，何必麻烦！"郝国瑞这种工作不力的现象，经选委会以及乡村干部的讨论后，将他免职了。

（三）宣传不深入。五乡雷家岔由一个教员配合一个乡干部负责登记选民，没给群众宣传清楚选举的意义就动手登记，冯英的哥哥怕参加义务工作，他本来四十岁了，但他就登记了四十九岁，冯英本来三十七岁，就登记了五十二岁，比他哥大三岁，可他父亲才登记了六十六岁，后经选委会在村民会把登记表在村民会宣布时，当念到冯英与他哥的年龄时，引起到会男女哈哈大笑，到会的人你一句他一句指责的冯英没话说了，只得承认不对了。这个问题发生的原因：农村干部忙于自己的生活怕耽误工夫，到某一村说几句话，就征求大家的意见，有什么批评没有，群众也就顺口答话的说"没有！"干部没有利用好个别访问与个别吸收意见的方式。

1945 年 12 月 26 日，第 2 版

永坪二乡张有贵等贪污被群众撤换

杨如珍　樊景湖　贺如祥　惠文涛　贺敏之　杨复兴

在初选中，发动群众检查政府工作，个别村干部的贪污事实，经群众揭发后，经民主讨论，分别给予恰当处理，群众甚感满意，如永坪三

乡行政村主任张有贵经群众检查后，列举其贪污事实如下：（一）今年四月间，合作社退给群众股金三万元，他未发给群众，私自使用。（二）两次贪污没收款两万五千五百元。（三）两次贪污税款一万三千元。（四）今年夏征时，私自多征粮二斗，以减轻他自己的公粮负担。经村民会讨论后，将其撤职，罚苦工半月，并将所贪污公款全部交出充公。城区一乡一行政村主任宋金芳，经选民大会的检查，举出其贪污受贿事实等如下：（一）私自出卖代耕柴两千八百余斤，将所得款中饱私囊。（二）马治业以皮大衣一件顶代耕柴一千斤，宋金芳将皮大衣私自穿用，剥削抗属的代耕柴。（三）村民鲍红金，因偷草公事，贿赂宋金芳麦子六升，宋即未行处理。（四）抗属蔚玉花，要出去看她的丈夫，托宋金芳给割路条，宋不但没给割路条还赚了蔚玉花一斤半棉花，作为跑腿的工资。经村民会上的讨论，将宋金芳撤职，并罚工十天。又该区五乡圪奴山渠的村长李俊德，贪污优抗抗柴三百四十斤，经群众讨论，除将所贪污的柴倒出外，并罚其优抗柴共三百八十斤。由于上面几个村干部的撤职，不但教育了其他村干部，同时亦提高了群众检查政府工作及工作人员的责任感。

1946 年 1 月 4 日，第 2 版

宁化堡罢免闾长

宁化堡收复以后，王拴成被选为第三闾首任闾长，大家选他主要是因为他是本村的人，熟悉村里的情形。

可是跟着时间的进展，半年过去了，宁化堡人民，逐渐发现他是一个不称职的干部，他不但缺乏为群众服务的精神，而且还有浓厚的官僚主义和贪污腐化的行为。最初，群众还只是个别的在暗地里表示不满，后来就互相讨论，最后就不怕一切的说开了。大家对区上的同志说，对其他人也提。

去年十一月九日区上王毅同志到那里工作，调查访问三闾的情形，他所访问过的人，几乎都对王拴成有意见，说他贪污，办事不公……问的人愈多，发现他脱离群众事件更多了。

根据这些情形，于是，第二天晚上，村公所便召集了三闾全体群众会议，来讨论大家对闾长的意见。会议进行得很热烈。我赶到会场时，还未到开会时间，但许多人都来了。在炕上，在地下，人们把一个房子拥挤得满满的，呛人的旱烟使空气有点窒息。一个叫长后的，看来已经很生气了。他愤愤地说："我这次预借出二百三十四斤莜麦，送去了一半，因为时间晚了，把未送的一部分留在闾长家里，第二天便少了六斤。你们想，这还能成闾长吗？""说话的人，请自报姓名，好记在纸上。"主席一再提醒大家。

"那么记仇，我叫王元元，也是同样的事情。四十斤预借公粮，放在闾长那里，第二天短了两斤。"

"闾长向我摊派白面，我说没有。他要我用两斤粮调换一斤。甚至还骂，说：'你没有白面，那么你老婆是怎的娶下的？'又说：'你这种人就要抓紧些。'真是不讲道理。"

这是一个卖豆腐的小孩，他叫有才。这时候，也盘坐在炕上，指手画脚的发言。闾长取了他廿斤豆腐，只开了个条条给他，问他要钱，闾长说："这钱我出还是你出，等大家开会再商量。"

油、盐、莜麦、白酒……大家愈说愈生气。许多人的话，织成一张清单，一笔账目。

在大家请求下，王栓成拿着账簿，任公民查算。

群众敢予检查闾长，这在他来说，简直是晴天霹雳，但是，站在大家面前，他也没办法，只好扯起顺风旗，企图说几句话了事。但农民是不信他说谎的。王拴成说："关于一斗公粮付出二斤白面的问题，我是错了，我能力也不好……"张小即刻接着问："纵然就算你以前错了，但知道了以后，为啥又不说？你月初为啥还要按照原数目交白面？""我已经说过吗？""你们大家听过没有，如果听过，那就拿我诬告闾长，愿受处罚。"

"我们三闾，只有李珠宽少出白面，因为他是闾长妹夫。"

"废话少说。我们还是回过头来算吧，你支吾个什？这是二百八十斤和一百六十斤的白面问题。"

"斤打斤，两打两，慢慢的算来。"

区上同志，也帮着算，经过一整晚，账目大体搞清了。

从宁化堡收复以来，好久没有召开农民大会了，这一晚，为了讨论王拴成的问题，召开大会的钟声，便在汾河川响起。

老人，壮年，男的女的，都涌到村公所去。

村长首先报告了三闾对王拴成的意见，和清算的结果。说明有些确因他不懂而搞错的，但闾长是贪了污，同时有着严重的官僚主义作风，则是确确实实的。

“是的嘛！怪不得，王拴成自当闾长后，吃肥了。”有人在下面议论着。

“我听过闾长老婆对人说：‘人不该死总有救，我们那口子，这里抓一把面，那里抓一把面，借入借出都有。’”把话刚说完，引得全场大笑。

大家要求闾长，当众说话。

会场农民一个个不约而同的提出：我们不要这个“害人官”！我们一致要求罢免他！“我们另选好人！”一直到夜深会才散，农民在归途上，还不断地兴奋地讨论着：“敌人在的时候，哪有这样提意见？”“在这里咱们老百姓真正做了主人。”

1946 年 1 月 25 日，第 4 版

接受张村驿区领导作风上的痛切教训

聂景德

编者按：从这个通讯里看出富县张村驿区的领导作风存在着严重的脱离群众的官僚主义倾向，此次乡选经过人民深入检查，将该区长撤职调县加以教育，县的领导机关能认真地处理这件事，这是很好的。同时，县的领导机关要掌握这件事的经验教训，克服自己在工作作风中的一些弱点。

富县张村驿区，年来由于区级领导干部配备不适当，领导上存在着极端严重的缺点，影响到工作任务大多不能完成，引起群众的不满。去

年夏季曾发现群众向县府控告领导干部事件，但县上因了解不够，未能及时纠正处理，直到去冬普选发动群众检查政府工作时，群众又纷纷批评该区领导，仅靠进区府的第四乡给区府所提批评质问意见便达五十余件之多，但该区负责干部不虚心反省，检讨自己的缺点，反在给群众解答问题时把群众“训斥”一顿，企图压抑群众检查政府工作的情绪，使群众更加不满。县委县府发现此事后，即共同抽派干部，专门调查处理此事，经县委县府干部协同选举工作组，在当地调查对证，并在区级干部会上把群众所提出的意见逐件研究分析对证后，五十余件意见十之七八都是事实，而区长侯世杰同志要负主要责任，但侯区长不仅不反省，反多方推脱抵赖，经再三调解无效，故县府接受群众要求，将侯世杰同志暂时停职，调回县上教育，另派何彦斌同志任张村驿区区长，并重新在群众会上反省批评了该区领导作风上的缺点错误，群众极感满意。

从这次检查中，可以看出张村驿区区级干部有如下不良倾向，值得各地今后在领导上注意：

一、首先是严重的官僚主义作风：不关心人民疾苦，工作推脱敷衍，一般工作只布置不检查，甚至对很多极重要的工作既不布置亦不检查，更不研究经验教训。如上次县府检查减租工作时，区书区长都再三强调说他们的“减租工作早做好了”，“一点问题也没有了”。但经县上干部去农村实际检查，发现与事实完全相反，实际上的减租工作做得极差，“明减暗不减”、“死租”变“活租”、减后租额反而加多、地权无保证，地主无理威胁佃户、硬要抽地等现象，极为普遍，如六乡于有才租□永世川地十七亩，减租前原租额每亩八升，租后除地主把地抽回七亩外，把死租变成活租，区上规定按“二八”交租，实除上按“三七”分粮，三年来十亩地每年都给地主出租一石，每亩合一斗，反比减租前每亩多出租二升。另租王子英川地十四亩，减租后已被地主抽回八亩，去年六亩地出麦租三斗，地主还要抽地；王先学租王子英川地十三亩，减租亦把“死租”变“活租”，前年麦子没收成，回种荞麦亦未收，实际无粮可分，地主要粮，王先学被逼，虽地内颗粒未收，但十亩地扔给装租七斗（另三亩地被地主无理夺回了）。去年麦收较好，地主又不按死租，反强迫再按活租装粮，结果八亩地给租七斗（另外又被地主夺地二亩）；王宝善、王有成等人租王子英地都被先后无理夺回了。一乡董家沟群众租太乐区□□地百亩，去年地主夺地，佃户不让，但政府强行把地还给地主，地主又不自种，另招“门客”种，只种了三四十亩，但未锄草，中途“门客”又搬走了，百余亩土地完全荒芜了，原佃户也因地主夺地后无地可种而搬走了。该区三乡三分之二农户都是佃户，但因地权无保障，年年来被地主抽回土地一千余亩，影响致佃户生产情绪低落，每年秋收后便怕地主抽地，不敢细作施肥，只在春耕下籽后才稍安心，以上种种，区乡干部均熟视无睹，始终不执行县府指示，不设法注意处理，反而对上级隐瞒假报，影响农民生活极大。同时对于二流子不注意改造教育。听任其堕落胡为：如一乡杨家河村主任杨闯儿领导群众招赌放赌，区长明明知道也不处理，甚至杨闯儿带领农民去大义区耍赌博，被大义区抓住，当时正在大义区工作的县委组织部长为此专门指示张村驿区注意处理，但该区至今仍然置之不理。对于年来的抗战动员亦极马虎拖延。对于普选工作，区上领导亦极不关心，侯区长在普选中忙于给他母亲准备过寿，既不以身作则的下乡发动农民参加选举，又不切实布置检查，当区级干部下乡工作按规定日期回区汇报检查工作时，侯区长因忙于走丈母家中闲逛，使大家连等两天，没人主持会议，耽误了工作。

二、向县府“闹独立性”：对县的指示命令，常不虚心研究贯彻，但有时县上处理问题不合自己胃口时，便无故发脾气。如去夏有群众向县府报告有人拐卖妇女，侯区长从中徇私舞弊，县府写信给侯区长要他仔细研究适当处理，侯区长不但不虚心考虑，反连县府的信看也不看，把送信人“训斥”一顿，原信退回县上，对县上派至该区协助工作的干部也瞧不起，不理睬。

三、缺乏民主作风，私情观念浓厚，前年该区干部曾因打骂群众而受到县上严重批评。去年以来，处理群众纠纷时，仍多不耐心说服解释，区府随便拘押群众，甚至两个妇女在街上吵架，区上不加调解，便一起把她们关起来；在这种作风下影响到乡上也常押人。六乡王双喜家弟兄们吵架，把王弟妻打伤，告到区府，因该妇女为该区长的同姓妹妹，区长处理时，除要王给其弟妻看病吃药，并罚两月苦役，问王的老婆出八双鞋外，又要王在街上请客吃饭，给弟妻娘家“和脾气”，使王双喜卖了两头驴一头牛。

四、干部不团结，工作无一定制度，工作完成与否亦不过问，开会不做记录，工作不留存底，使很多工作无从检查，区干部处理问题不互相汇报商讨；助理员处罚了农民，区长不知道，平时区府无人办公，区长常回家，干部常遛街，一些动员麻烦工作推给秘书。区书亦感到工作推不动，没办法，因此一切工作几乎陷于无政府状态。

五、经济手续混乱不清。乱拉乱用公款，虽县上一再催收，始终置之不理。区长借口给区上做营业从中舞弊，用公款买驴拉回他家自用，从中无故使公家损失十余万元。账目不统一，至今尚未算清，不切实际组织机关人员生产。原第四乡乡长石振华思想落伍想回家，区上要他帮助区府“做生意”，竟要他给区上交七十万元“任务”，石无可奈何，先后已交了四十余万元。四乡指导员杨春明说：“石振华家富可以出起钱，我很怕我以后和石落成一个下场时，家里拿不出钱来，因此工作不安心。”机关生活无专人管，虽有钱有粮，但常吃得不好。

六、侯区长个人作风品质极坏，除上面已说过的官僚主义，对工作不负责任、骄傲自大、不民主、耍私情等问题主要应侯区长负责外，侯区长的私生活也腐化不正派，无怪群众说：“侯区长的作风和过去的联保主任差不多!”

对以上事实，除在该区干部会上详细研究讨论并重新在群众会上反省承认错误，并把张村驿领导作风作为全县最坏典型，在全县干部冬训班中详细研究讨论，作为教育干部改造工作的教材，对于该区今后工作亦做了研究布置，县委县府对于张村驿区今后工作，除已调换了区长和助理员外，并特别指出注意以下几点：首先要注意建立一定的工作制度，对上级的指示和命令要详细研究贯彻；对工作不只注意布置，并且要具体的检查研究经验教训；区干部亦要合理具体的分工，建立一定的研究学习及生活检讨制度，贯彻民主作风，今后多多听取群众意见，贯彻为人民服务的精神，县级对于区乡工作应经常注意深入检查研究。至于对侯区长，现正在严格教育中。

1946 年 2 月 9 日，第 2 版

延川干部冬训班讨论转变工作作风

张弗予

此间干部冬训中关于工作作风问题的讨论已于十六日由县委书记王国华同志作了总结，今择要报道如下：此次作风讨论的收效表现在：（一）说出了老实话，批评上面对政策法令执行的不彻底（如蒸酒、做粉等）与上面用人不经过组织的手段，县干部也有打骂现象，有时答复问题不统一，对干部照顾不周。（二）检查了干部的思想，很多干部已做了自我检讨。（三）发现了好干部和坏干部（此点另行报道）。关于干部思想存在的问题及工作上的毛病可列举下列事实说明：第一，不重视宣传解释：主要原因是一方面干部能力差，没有新的宣传方法，被群众质问时即发脾气；另一方面没有认清楚自己是“为群众服务的”，如发动掏谷槎，个别干部根本不满意做，但因为是上级的指示，只好去动员布置，因而有些地方就没有检查。对工作研究不清楚就去做，往往费很大力气认为把工作做好。第二，工作制度紊乱：一方面由于上面指示太多，使得下面干部都无法抓住中心，另一方面下边干部存在对工作应付态度，比如派担架，这次轮谁去，下次轮谁去弄不清楚，乱抓乱派。第三，指导上自流：二流子也“自愿”了，坏人也不管，农户计划不检，没有典型推动。第四，有个别干部不想工作；原因是怕惹人，怕麻烦，家庭顾虑多，岁数大，能力差，缺乏信心，身体弱，完不成任务怕批评等。第五，个别干部里私情、贪污和违犯法令的事情。大家提出今后转变工作作风的办法为：（一）多用脑，多调查研究，像永远、禹居两区在义务负担上曾研究出了好办法。（二）在建立工作制度方面，首先要有经常性，分开工作的重要与次要，因此上边对干部也不能随意调动（如东阳区一个乡去年调动了八名乡长和指导员），乡上今后应经常开会研究问题；把村里的干部组织起来，可按干部的具体能力分工领导；开村民会要利用群众空闲时间；各种统计乡上要留有根；农村发生小纠纷可用“议和”等方式解决。（三）抓紧劳动英雄和积极分子。采用典型推动。（四）对干部错误及时在思想上纠正，但应避免翻旧账。其次要照顾干部家庭困难，特别是干部病了，一定要设法帮助他医治。村民代表主任等酌情减免义务负担，对有成绩的同志死亡后，应开追悼会，其家属亦须酌情照顾；干部因病而退休的按情况优待。干部回家要规定时间，并经一定组织上的许可。最后，特别是在乡上为了教育落后分子克服违法现象，干部中可订一种公约，彼此督促帮助。

1946 年 2 月 10 日，第 2 版

事与愿违

去年备荒运动中，延安县各区乡都宣传和组织群众备荒，在一个短时间内，的确造成了一个热潮，增种、补种、节约等各方面都得到了成绩，但是没有多久因为天下了雨，备荒工作便停下来。而且救灾备荒正紧张的时候，也有些地方不顾群众的认识程度，又不做深入细致的教育和组织工作，产生了不良效果。如有的群众没有在思想上认识备荒的重要，生活上依然没有实行节约，只在干部来时，给干部吃喂狗的糠窝窝、稀米汤等所谓“备荒饭”。而有的干部也就以为群众真正在“备荒”。甚至还有因过火的强迫群众备荒而使群众遭受损失者。如县上和区上派了干部到川口区四乡赵家窑子去劝群众修水地，该村陈国喜和赵明喜过去有两块旧水地，当时种了蔴子，而且蔴子已经长了二尺高，干部一定要逼着他们把蔴子砍掉修水地，没有办法，只好把蔴子砍掉。但是，据说当干部走了以后，他们的水地并没有修起来。备荒的时候，县上指示一定要干种棉花，姚店区四乡群众被干部硬催着种了二百多亩，当时群众都提出干种棉花不顶事，不愿种，但是干部不答应。结果这二百多亩干种的棉花都没有出苗，而且耽误了种杂田，最后翻种了燕麦，因种的迟，都冻坏了。

必须肯定，备荒工作有成绩。但是各区乡都不能具体的说出来到底收成有多么大。同时在备荒中，各区乡群众因抬神祈雨所浪费的人工和金钱的数目是惊人的。只根据八个区的统计：

求雨抬神楼子误工	三．五五五个（只七个区）
敬神杀猪 二三五只、羊二〇〇只	合洋一．六七五万元
烧香表	用洋一九二余万元
唱雨戏四三台	戏价二．〇七五万元
唱戏吃粮四四．五石余	合洋一．一一四万元
以上共浪费	五．〇五六余万元
	三．五五五个工

（每台戏搬运戏箱所费人、畜工，及群众看戏误工还未记入）

从这些事实里，可以看出我们发动群众开展备荒运动是好的。但是我们也可以提出这样的问题：事情的结果，我们为群众谋了多少实际利益？比起这些利来，群众的损失有多大？而且为什么会造成这些损失呢？

以上的材料说明了在我们工作中的一个极其重要的作风问题，虽然它只是备荒材料，但在其他工作中也会发生这种事与愿违的情况，比如拿春耕来说吧，有时候我们用了很大的热情和力度组织群众参加变扎工，或改良农作法，但因操之过急，或只求形式，不问实际，不仔细研究当时的具体情况和群众的认识程度，按照具体情况来进行工作，因而为群众服务的主观意愿和热情，去遭到群众不满，有时候甚至得到相反的结果，这种事情在过去几年的生产运动中曾经发生过。在今年的生产运动中，应该努力克服这些缺点。

1946 年 3 月 28 日，第 2 版

消减工作中的不负责现象

仲 澜

有这样一些同志，他们有非常“宽大”的胸怀对待本身工作的损失。比如有这样的事：某一机关的总务部门，早在今年五月间发生的巨额公款失窃案，事发当时，不紧急进行可能的查究；之后也不认真的有效的组织调查，深入研究，明辨责任，谋求对策。直到最高负责人再三

提示和党章学习中大家提出意见后，才开始注意，自然，还能开始注意仍不失为好现象，但确乎迟了些。

这也是一种工作态度，这种或类似这种工作态度的名字叫啥？不负责。也可以在工作已受损失之后，轻率地承认“负责”（应和严肃的检讨工作区别开来）。但一，承认者明知“负责”止于承认，无关痛痒，因之二，仍可以有接二连三的损失，接二连三的承认。这自然也是一种“负责”，只是只能是括弧里的（口头上的）负责，其实这是不负责。

这种不负责基于两种情况发生的：一种是个人思想上对工作的自觉性不足，在长期相对和平的环境中忘记了这样一种简单的但是本质的东西——为谁工作，因而无形中滋长了“雇佣”的观念，甚至客观上形成了“雇佣”习惯。又一种是工作实践上缺乏考绩、奖惩、个人负责等制度的确切执行，以致在前一种情况下，就促进了某些领导人的特殊领导方法：凡事不忘个人“领导”（而不是集体领导），坏了应由集体负责；促进了某些干部的特殊思想方法：不奢望做得很好，不害怕做得很坏。这是很危险的现象。

这一现象，我在我所工作的这一机关中是深深感觉到的，党章的学习明确了这一感觉。如何办？我的意见：一、我们（对我来说，首先自然是我自己）应该上下一致无例外地从党章中吸取力量，逐渐消减工作中的盲目性，发挥工作的自觉性。道理很平常，但我的经验告诉我：如果不经常的有意识的警惕，在碰到具体问题时就会糊涂的。二、从新审查各种工作制度并上下一致无一例外地执行之，确立并贯彻工作的考绩、奖惩、个人负责机制。将“负责”从仅作为某些人的漂亮装饰中解放出来。

1946 年 10 月 5 日，第 4 版

从一个工作计划看甘泉的工作作风

张育民

我们把甘泉今年下半年的工作计划看了以后，觉得全部计划，从生

产直到司法治安等，样样都有而样样都空，看不出中心来。

因此，一部分计划虽然作过去了，但大部分都落了空；如夏耕计划第一条是："早锄、多锄、细锄、不荒一亩地"，而据各区总结看来，却荒了两千多垧。我们一次经过甘泉、道佐埠的车道时，看到两旁的川田里，甚至有的地里草比庄稼长的还高。第二条是："认识指导打卡棉花；（一）分期找农户研究；（二）选择有经验有信心的棉户建立指导核心……"我们会到植棉最多的四区去看过，在那里大部棉田，所调"打卡"只是卡了棉苗正条的顶顶。

今年七月间，县府曾专派郭同志下乡指导打卡，但他到四区只和区长谈了谈打卡的情况，就回到了县府上了。一般干部也认为棉花打卡，就只是去个顶顶。计划上的"找农户研究，建立核心"等等，运动都没动。

计划不但空洞，有的老百姓最需要办的事情，却没订在计划上。根据我们在该县月余的观察，有些民办社不能好好给老百姓办事：如二区三乡的合作社，货物比一般市价还高，并以高利三毛放账，期满后，若对方欠钱，便硬要对方拿出抵押品。这些民办社让老百姓非常不满，政府应该怎样帮助他们改进呢？既没行动，也没计划。

纺织也是老百姓最需要的，他们打的粮食，往往是吃一半穿一半，而政府对这件事的计划，却是很简单的一条"有计划的开展纺织运动"。计划的具体办法在哪里呢？没有。据我们所知：甘泉的妇纺在某些地区已有初步的开展，因为没有和织布联系起来，所以有的地方的妇纺反退步了；如甄家湾原有十二个妇纺，现在只有七八个了。

有些地方收下棉花没机子拧；如一区三乡的一个老百姓，三年前拾下的棉花，现在还在放着。用花时就全家大人娃娃用手撕。群众如此急需轧花机，而政府的计划只是"督促轧花（督促县联社一定要买一架轧花机）"。该县人口分散，只在甘市买一架轧花机是解决不了问题的；如一区距甘市百余里，老百姓拿的花，来回走四天，除误工外，还要路费。

另一件老百姓需要的事情是文教卫生。富村川有八九十户人家，老百姓都是大囤圪堆小囤满，可是没有学校。还有元庄的老百姓，曾几次向三科要求解决教员，设立学校，而三科的回答是："教员无法解决!"但这在计划里却找不到一个字。

卫生工作的情况呢，据统计一年死了一百五十个人，而计划上只有一条："注意冬季防疫。"具体的计划一点也没有。据我们所知，卫生队去年曾亲自到二区一带掏了三十多个厕所（据说医生在挖厕所，而乡村干部却在村中闲游、玩象棋），今年在这个基础上应如何巩固下去，如何推广到其他地方，计划上也是连一点也都没有的。

1946 年 10 月 9 日，第 2 版

结　语

本书是赵耀宏教授主持的国家社科基金2014年西部项目“延安时期中国共产党的批评和自我批评及其当代启示”（编号：14XDJ001）和薛琳副教授主持的延安市社科基金2015年一般项目“延安时期‘批评与自我批评’的运行机制及当代价值研究”（编号：15BDD08）的阶段性成果。我们在收集整理资料的过程中，发现在《解放日报》上刊载了大量关于批评和自我批评的文章，这些文章主题突出，具有很强的针对性、实效性和战斗性。重读、精读、多读这些文章，对于解决我们今天面临的“批评自我讲情况、批评别人谈希望”，“批评下级轻描淡写、批评同级躲躲闪闪、批评上级遮遮掩掩”等种种乱象，重拾这柄锤炼党性、改进作风的锐利武器，具有一定的启示作用，故而我们编辑了本书。我们从《解放日报》1942年至1947年刊载的近四百篇关于批评和自我批评的文章中，摘选出145篇文章。所选的这些文章以深化群众感情、做好群众工作为主线，按照思想建设、作风建设、组织建设、制度建设和反腐倡廉建设“五大”领域展开，对于新时期我们进一步做好群众工作，具有很强的针对性和借鉴意义。

批评和自我批评是我们党员干部加强自身思想建设、作风建设、纪律建设和进行廉政教育的一大法宝，同时，批评和自我批评能否红脸、出汗、排毒，也决定了党内政治生活质量的高低，进而影响着党的组织能力和执政能力的强弱。在延安时期，特别是在延安整风中，我们党勇于批评和善于批评的优良作风得到了淋漓尽致的发挥，极大地提高了全党将马克思主义理论和中国实际问题相结合的自觉性，广大党员受到了一次深刻的马克思主义教育，全党在毛泽东思想的旗帜下团结起来，形成了以毛泽东为核心的第一代领导集体，为抗日战争胜利和中国人民的解放奠定了坚实的思想和政治基础。“历史是最好的教科书”。习近平高度重视延安精神在干部教育中的重要作用，他讲道：“延安精神是干部教育的永久教材”，“全面从严治党要从延安精神中汲取力量”。在群众路线教育实践活动中，他还特别要求全党干部：要以延安整风精神开展批评和自我批评。我们希望这本小册子能帮助同志们更好地感悟延安精神，原汁原味的学习那个时代的鲜活事例，从而抓牢、用好批评和自我批评这柄“锐利武器”，补钙壮骨、筑牢思想根基，清除头脑中的主观主义莠草，提升党内政治生活质量，以强有力的党内思想斗争清除我们身上的形式主义、官僚主义、享乐主义和奢靡之风等不良风气，保持党员干部纯洁的革命品质，增进群众感情，提高工作能力和领导艺术，锤炼成优秀的共产党员。

本书的构思框架、资料收集、文本编辑、导语撰写等工作由赵耀宏教授、薛琳副教授二人共同完成。在本书编写过程中，中国延安干部学院教学科研部科研管理处刘小瑞同志、徐雯婷同志，延安大学政法学院张元老师、孙京和朱行堃二位同学给予了真诚支持和帮助，中共中央党校出版社周慧教授及本书责编张琳老师，她们辛勤的工作、独到的眼光、热情的态度，以及精益求精的工作作风，为本书增色不少，在此一并表示感谢。

文中所引《解放日报》部分文字不清楚，我们用“□”标出，保持了原貌。特此注明。